Franz Jantsch
Kultplätze im Land um Wien
II

Franz Jantsch

Kultplätze
Im Land um Wien
Band II

freya
VERLAG

*Das Matterhörndl
bei Hinterbrühl*

Opferstein, Schweinzerberg

vorige Seite: Hollerstein, Hafning, beim Rehgärtlkreuz

KULT

Kult hat etwas mit Glaube und Religion zu tun. Im Brauchtum sind viele Reste davon enthalten. Es geht nicht um Theorie oder Wissen, sondern um kultisches Handeln, Praxis und Übung. Die Ausdrucksweisen können vielgestaltig sein. Selbst im Fluch stecken religiöse, wenn auch negative Momente davon. Kult gehört zur Kultur eines Volkes. Im Kult bringt der Mensch seine Abhängigkeit von den Mächten zum Ausdruck und sucht sie zu beeinflussen. Kult hat weniger mit Erkenntnis und Wissen zu tun als mit Gefühl und Erfahrung, Angst und Hoffnung, Berührung mit einer anderen Welt.

Wo sind die Grenzen von Glaube und Aberglaube? Im Brockhaus steht, dass unsere wissenschaftliche Deutung der Welt nicht sicherer ist als die magische.

Die Welt und das Dasein empfand der Mensch als Wunder und suchte es zu verstehen, um mit seiner Situation fertig zu werden. Er schuf großartige Bilder, wie die in den südfranzösischen Höhlen vor 30.000 Jahren, die zweifellos kultisch-magisch sind. Der Ursprung aller Kunst ist die Religion, der Glaube, und dabei blieb es bis vor kurzem. Seit sich die Kunst von der Religion entfernt hat, verkommt sie.

Bevor die Menschen sich von Ackerbau und Viehzucht ernährten, lebten sie Millionen Jahre lang von der Jagd und vom Sammeln. Vom Neandertaler, der vor 60.000 bis 100.000 Jahren lebte, wissen wir aus der Art der Bestattung, daß er bereits so etwas wie Kult und Religion hatte. Alle Gesichter der Toten sind zur aufgehenden Sonne gewandt und mit Opfergaben versehen, das heißt man glaubte an ein Leben nach dem Tode, an ein Jenseits und an Geister.

Kult heißt soviel wie Verehrung, Andacht, Kult bedeutet eine innere Haltung des Geistes und des Gemütes, das seinen Ausdruck in Riten und Mythen fand.

Die Religionswissenschaft ist sich heute einig darüber, dass es in der Vergangenheit kein Volk ohne Religion gegeben hat. Wohl aber müssen wir zugeben, dass bei uns etwa seit der Aufklärung Zweifel an Religion, Jenseits und Gott begonnen hat, der zu Agnostizismus, zu Zweifel und im extremen Fall zu Ablehnung von Kult, Glaube und Religion geführt hat. Man kann ganz allgemein sagen, dass die Verweltlichung fortschreitet. Ideologien verdrängen die Religion. Aber der Prozess ist kompliziert und zum Teil rückläufig. Allerdings muss man hinzufügen, dass sich auch in den überkommenen Religionen, selbst in den christlichen, Zweifel, Agnostizismus, Gleichgültigkeit und Abfall ausbreitet. Junge Menschen haben wenig Bedürfnis nach Religion, allerdings bilden sich neue Kulte, besonders politischer Art, denn der Kommunismus wie der Nationalsozialismus begünstigte den Abfall seiner Mitglieder von der Religion und versuchte, eine neue politische Religion aufzurichten. Hitler und Stalin erreichten religiösen Rang. Lenin wird in weiten Kreisen noch immer wie ein Erlöser verehrt, sein Leichnam liegt noch immer im schwarzen Mausoleum am Roten Platz. Die Statistik sagt, dass Religion weltweit nicht im Fallen, sondern im Steigen begriffen ist, nur in der westlichen Welt geht der Abfall weiter, nicht aber in Asien, Afrika und Amerika. Dort entstehen ununterbrochen neue Religionen, die ihre Wurzeln in den alten haben.

Romano Guardini, einer der Begründer der erneuerten katholischen Liturgie bis hin zur Volkssprache, hat vor seinem Lebensende die Frage gestellt, ob der moderne Mensch überhaupt kultfähig sei. Das ist eine sehr wichtige und schwierige Frage und reicht weit in die Kreise der bekennenden Christen hinein. Die Frömmigkeit hat abgenommen im Lande, heißt es einmal in der Bibel. Dass sie abgenommen hat in unseren Ländern, wissen die Älteren von uns. Andererseits hat der Kult zugenommen, er hat sich verändert. In den Kirchen ist man wieder aufmerksamer und bemühter, sowohl die Priester als auch das Volk.

Ein großer Prozentsatz der Menschen, auch der Ungläubigen, glaubt an eine Wiedergeburt, wobei sie vergessen oder nicht wissen, dass die Wiedergeburt, an die die Inder glauben, nur ein Übergangsstadium ist. Das Ziel ist das Eingehen in das Nirwana, wie immer wir dieses deuten. Eine Buchhändlerin, deren Laden in der Nähe der Universität liegt, hat erzählt, dass die Nachfrage nach esoterischer Literatur geradezu explodiert sei. Das Interesse für östliche Religionen, vor allem den Buddhismus, Schamanismus und ähnlichem hat unerhört zugenommen. Die New-Age-Bewegung hat Anstöße gegeben, die weiterleben. Die Begründer des New-Age waren nicht Theologen, sondern Physiker und Naturwissenschaftler. Der alte, primitive, aber auch gepflegtere theoretische oder philosophische Materialismus ist tot. Das Interesse für Esoterik und Magie hat zugenommen, nicht nur wegen der Jahrtausendwende, die manche Menschen ängstlich und sensibel gemacht hat. Das Interesse auch für unsere heimischen alten Religionen ist gestiegen. Unter dem Nationalsozialismus wurde eine Erweckung germanischer Bräuche, wenn nicht gar eine germanische Religion, offiziell gefördert. Mit der keltischen Religion geschieht dasselbe. Druiden ziehen in weißen Kleidern zur nächtlichen Stunde zu alten Hexenplätzen und versuchen, dort alte oder neue Rituale zu vollziehen.

Die Wiedererweckung alter Kulte oder der Versuch, neue zu finden, kann berechtigt sein, aber kann auch zu Übertreibungen und zur Lächerlichkeit führen. Dass der Mensch in seinem Wesen nach Kult verlangt, ja ihn geradezu braucht, dass ohne Rituale nichts läuft, ist sicher.

Der wohl bedeutendste deutsche Dramatiker Botho Strauß hat vor kurzem gesagt: »Wir haben einen devotionsfeindlichen Wirklichkeitsbegriff.« Devotion bedeutet Frömmigkeit, Andacht. Das Bedürfnis und die Fähigkeit von Andacht, Pietät und Frömmigkeit, hat abgenommen. Die Folgen befürchtet er als geradezu revolutionär und gefährlich. Der Weg zum Tode Gottes, wie ihn Nietzsche vorausgesagt hat, sei frei. Die Haltung der Intelligenz bezeichnet Botho Strauß als kritisch, skeptisch, ja höhnisch. Der gemeinsame Glaube als die stärkste Kraft der Sozialisation, die die Menschen zusammenführt, fällt aus.

Seit der Aufklärung und der technischen Revolution und ihren Folgen hat sich der Mensch, die Gesellschaft, im Bewusstsein und im Lebensgefühl geändert. Auto, Telefon, Fernsehen, Zeitungen, Technik, Sport, Unterhaltung sind die neuen Idole, neue Symbole faszinieren. Wir sind auf dem Mond gelandet und haben die Atomkraft im Griff. Kürzlich erklärten Jugendliche in einer Umfrage, Handy und Surfen im Internet sei ihnen am liebsten, Politik und Kirche haben für sie den geringsten Wert.

Sollen wir wieder zurück zum Glauben der Väter und ihrem romantischen Brauchtum? Das wäre unmöglich, aber inne zu halten und nachzudenken ist allemal nützlich.

Die Lebensprobleme sind gewachsen. Mit Verstand und Technik allein kann man auf die Dauer nicht leben, auch nicht mit Zeitung, Fernsehen, Unterhaltung und Reisen.

Die Religionen sind mit der Umstellung nicht nachgekommen, überzeugen nicht mehr mit ihren unveränderten Lehren und Weisungen, haben ihre Faszination verloren, sie stecken in einer Krise. Sollen sie nach vorne schauen oder zurück? Die Spannung droht sie zu zerreissen.

Die Krise unseres Wirklichkeitsbegriffes ist umfassend. Man ist nachdenklich geworden und sucht Auswege, neue Propheten. Die Welt und die Weisheit des Ostens sind für viele ein Ausweg. Die Bewegung zurück zur Natur, zu einem einfachen Leben, ist ein anderer Weg. Die Wende von außen nach innen liegt nahe. Die Kräfte des Herzens, der Phantasie, Geheimnis und Symbol sind wieder gefragt. Esoterik kann ein schwieriger und gefährlicher Weg sein. Den Himmel auf Erden werden wir gewiss nie schaffen, aber Besinnung und Umkehr sind notwendig.

Wir wollen in diesem Buch zu einem Weg einladen, der auf dem Umweg über Uraltes in eine heilere Zukunft führen kann.

Vor einigen Tagen bat mich ein Mann um ein Gespräch. Da ich ihn nicht kannte, fragte ich, um was es sich handle. Er antwortete: »Ich habe Ihre Bücher gelesen und stehe an einer Lebenswende. Morgen verlasse ich meinen Beruf, meine Wohnung und ziehe mich in eine Einöde zurück. Ein Freund stellt mir einen aufgelassenen Hof zur Verfügung, dort werde ich ein Einsiedlerleben führen, bis ich mir über meine Zukunft, über mich selber im klaren bin, ich bin 28 Jahre alt und habe drei Berufe gelernt.« »Dann komme gleich,« sagte ich.

Nach einigen Stunden stand er vor mir, groß, offen, fragend.

Ich sagte zu ihm: »Ich glaube, es ist besser, wir fangen nicht mit Reden sondern mit Schweigen an. Setz dich gerade, atme langsam und tief und denke an nichts. Wenn dir die Zeit nicht mehr lang wird, dann bist du drin.« Nach einer halben Stunde fragte ich ihn: »Willst du jetzt ein Ritual machen?« Ich kannte seine Einstellung nicht, aber in so einer Situation kann man es ruhig wagen, einen Weg durch Dunkelheit zum Licht zu machen. Nach einer Stunde fragte ich ihn; »Willst du jetzt reden? Wir können auch schweigend auseinander gehen.« Er sagte: »Ich möchte noch einige Fragen stellen.« Danach zog er fort. Möge sein Weg gesegnet sein. Er sagte noch, er wolle meine Plätze in der neuen Umgebung aufsuchen, und dass er sich Klarheit und Weisung davon verspricht.

Was wird der junge Mann machen? Auf jeden Fall etwas anderes als viele andere. Er wird die nahe große Quelle aufsuchen, den Sturz des Wassers in die Tiefe bestaunen, in die Höhlen treten, wenn die andern heimgegangen sind, auf dem Gipfel des heiligen Berges stehen, vielleicht bei Sonnenuntergang in die Ebene hinausschauen, wo seine Heimat liegt. Er wird wahrscheinlich auch an das denken, was wir mitsammen getan haben, ein einsames Leben führen, mit seinen Höhen und Tiefen. Wandlung geschieht immer dann, wenn wir sie suchen und an uns geschehen lassen. R. M. Rilke sagt einmal unvermittelt in einem Gedicht: »Ich muß mein Leben ändern.«

INITIATION

Einführung in rechtes Leben und in den Kult und seine Geheimnisse geschah und geschieht noch mancherorts in den Initiationsriten der Naturvölker. Vor einigen Tagen war ein Missionar aus Afrika bei mir und erzählte von seinem Leben und seiner Arbeit. Eben haben sie Firmung gehabt. Der Bischof schloss sie an die Initiationsfeier der jungen Männer an. Sie wurden von einem Medizinmann oder Schamanen, von Familie und Stamm abgetrennt, in strenger Zucht gehalten, wurden wegen jeder Verfehlung geschlagen und in die Mythen und Riten eingeführt, die sie an niemand, auch nicht an Mütter oder Schwestern verraten durften. Am Schluss wurden sie für drei Tage einzeln in den Busch getrieben, durften nichts essen und trinken, auch nicht schlafen. Der Schamane spähte jedem nach und schlug ihn, wenn er etwas nicht richtig machte. Dann mussten sie Spießrutenlaufen ohne Schmerz zu zeigen. Danach wurden sie von den Verwandten jubelnd begrüßt und mit Festkleidern geschmückt. Anschließend firmte sie der schwarze Bischof. Was dem Entsprechendes haben wir? Den Militär- und Zivildienst? Die Firmung, bei der man schamhaft den

vorige Seite: Maria im Tier, auf der Alm des Unterberges - Voralpen im Bezirk Lilienfeld gelinden Backenstreich, der mehr ein sanftes Streicheln war, abgeschafft hat?

Die Mysterienfeiern der Antike waren von ähnlicher Kraft. Sie wurden im Christentum zu Sakramenten, die bald schon unmündigen Kindern gespendet wurden, wobei man sich ganz auf die übernatürliche Wirkung verließ, die nur spärlich einfließt.

Man vergleiche die Berichte der Bibel von den charismatischen Kultfeiern der ersten Christen mit den Gottesdiensten der Kirchen von heute.

Einen Missionar, der auf Heimaturlaub in ein oberösterreichisches Dorf kam, fragte seine Schwester, ob es ihm daheim nicht gefalle. Er gestand, dass ihm etwas fehle.»In meine südamerikanische Kirche kommen die Leute am Sonntag fröhlich und singend. Sie singen und tanzen in der Messe zwei Stunden lang und singend ziehen sie heim. Hier kommen die Leute steif, sitzen steif in der Kirche und gehen steif heim. Ich fahre gerne wieder zurück.«

Ernst Jünger schrieb:»Wenn man bei uns Begeisterung sehen will, muss man auf den Fußballplatz gehen, nicht in die Kirchen.«

Ich gebe zu, das ist einseitig, es gibt auch das andere, aber viel zu selten.

Kultfähig müsste man sein oder wieder werden.

WARUM DIESES BUCH?

Ein Autor muss sich die wichtige Frage stellen:Warum schreibe ich dieses Buch?, und der Leser kann sich fragen: Warum lese ich das Buch?

Ein bedeutender Philosoph hat gesagt:»Ihr müßt nicht nur auf das achten, was ich sage, sondern auch auf das, was ich nicht sage.« Das Verschweigen der Plätze hätte auch seinen Sinn, wie ein Beispiel zeigt. Ein Archäologe hatte einen Kultplatz mit sehr eindrucksvollen Felsbildern in den Bergen gefunden. Er veröffentlichte sie und stellte sich der Diskussion mit Fachleuten, um das Alter zu bestimmen. Er ordnete die Zeichnungen urgeschichtlicher Zeit zu. Seine Fachkollegen meinten, die Felszeichnungen wie Leiter, Quadrat, Tiere, Menschen, seien schon immer und werden auch jetzt noch von Jägern, Hirten und Kindern geritzt. Die Medien bemächtigten sich dieser Aussage, es kam zu einer großen Sendung im Fernsehen und die Zeitungen schrieben darüber. Die Folge war, dass Massen von Touristen und Neugierigen hinzogen und die Zeichen, die zum Teil von Moos bedeckt waren, bloßlegten und dann mutwillig und kindisch neue Zeichen hinzufügten und die alten beschädigten. Als man diese verheerenden Folgen des Tourismus erkannte, vernichtete man die Hinweistafeln, löschte die Markierungen und veränderte die Wege so, dass sie in die Irre führten. Aber der Schaden war nicht mehr gutzumachen.

Umgekehrt muß man die Frage an den Leser stellen: Warum suchst du diese Plätze auf? Die einfache Antwort ist die, dass es reizvoll und interessant ist. Viele Menschen fühlen sich hingezogen, bei anderen ist es ein Hobby. Man kann mit Auto und Fahrrad die entlegensten Plätze schnell und leicht erreichen. Man schaut sich um, fotografiert und fährt weiter.

Was will dieses Buch? Will es nur Führer sein zu schönen alten Plätzen? Eine Unterhaltung für den Radfahrer oder Wanderer, damit er am Wochenende ein Ziel hat, das ein wenig anders ist als das Übliche? Will es eine Anweisung sein nach dem alten Programm von Rosseau »Zurück zur Natur«? Es kann so gesehen werden, aber auch im weiteren Sinn als Tür und Weg in eine andere Welt. Es kann dem Wanderer oder dem Interessierten ein Wegweiser sein im wörtlichen Sinne. Aber es kann auch ein Stückchen von dem sein, was wir in der ganzen westlichen Welt erleben, Teil einer Wende, Teil eines anderen Kulturbegriffes, einer anderen Art, Mensch zu sein. Dafür möchte ich zwei Propheten unserer Zeit nennen, Geistesmenschen, die gespürt haben, dass wir vor einer Wende stehen und die uns Vorbild sein können.

Botho Strauß hat im »Spiegel« einen Aufsatz geschrieben, der Aufsehen erregte. »Wir Westeuropäer haben über unsere Verhältnisse gelebt, wir haben es zugelassen, dass alle Werte verspottet worden sind. Die öffentliche Moral ist in die Krise geraten, Werte werden nicht anerkannt, sondern verhöhnt. Eros ist nicht mehr möglich, Vaterland, Autorität, Tradition, Kirche werden verhöhnt, sie sind kein Thema, wie die jungen Leute sagen.« Er spricht von einem Sinnbetrug, der sich vor allem im elektronischen Schaugewerbe, also Fernsehen und Kino abspielt, das uns die Welt im äußersten Illusionismus zeigt, der überhaupt möglich ist. Die Weltherrschaft der öffentlichen Medien hat zu einer stillen Revolution geführt, in der keine Köpfe mehr rollen, weil es keine mehr gibt. »Wir haben das Böse in seiner ganzen Miserabilität kennengelernt und sind nicht mehr Ästheten genug, um uns zum Guten zu bekennen und wir schämen uns für so triviale Begriffe und Leitbilder wie Wahrheit, Freiheit, Gerechtigkeit. Wir sind nicht fähig, den Problemen gerecht zu werden, deren Lösung uns obliegt.«

Diesen wichtigen Aussagen eines bedeutenden Denkers unserer Zeit möchte ich ein zweites Wort hinzufügen: Martin Heidegger war zweifellos der größte Philosoph der letzten Zeit. Er ist im Schwarzwald in einer religiösen Welt aufgewachsen. Sein Vater war Mesner in einem Dorf. Die Welt des Glaubens war ihm nicht fremd, aber in seinem Denken und Werk kam er immer mehr ab davon, Gott verdunkelte sich vor seinen Augen. Er dachte über die Bedingungen unseres Daseins nach und fand in der Theologie nicht die

Antwort auf seine Fragen. Knapp vor seinem Tode besuchte er seine alte Heimat und ging mit einem Jugendfreund, einem katholischen Pfarrer, spazieren. Dieser erzählte, wie Heidegger in Kirchen und Kapellen stets Weihwasser nahm und eine Kniebeuge machte. Als er ihn fragte, ob das nicht eine Inkonsequenz sei, da er doch von den Dogmen der Kirche Abstand genommen habe, habe Heidegger geantwortet: »Geschichtlich muss man denken. Und wo so viel gebetet worden ist, da ist das Göttliche in einer ganz besonderen Weise nahe.«

Wir laden auch zur Wanderung ein und kommen zu vielen Kirchen, Kapellen und anderen Zeichen der Devotion. Wir kommen zur Vergangenheit, nicht nur der christlichen, sondern der vorchristlichen Vergangenheit. An diesen Stätten, sowohl in den Kathedralen, in den Dorfkirchen und den einsamen Kapellen, die in der Landschaft stehen und bei den unzähligen heiligen Steinen, Plätzen und Quellen ist seit vielen tausend Jahren gebetet worden.

Das Christentum hat nur fortgesetzt, was die Vorfahren begannen. Die Frage ist nur, hat Heidegger gemeint, dieses Gebet hat das Göttliche an diesen Stellen gesammelt, oder sind die Menschen zu diesen Plätzen gekommen, weil das Göttliche, das Heilige, hier schon in besonderer Weise war. Im Grunde stimmt beides, wie wir an den Plätzen erfahren können.

Wo Gefahr ist, da wächst auch das Rettende, sagt Hölderlin. Stimmt das für uns? Die Gefahr ist zweifellos seit seiner Zeit größer geworden. Er ist an ihr verzweifelt und irre geworden. Gescheite Leute sehen gerade jetzt in der Jahrtausendwende die Gefahr immer größer und die Hoffnung auf das Rettende immer kleiner werden.

Es wäre zu einfach, auf die Kirchen als Schatzhäuser uralter Volkskultur und Tradition hinzuweisen. Die Kirchen sind selbst in eine tiefe Krise geraten, sie haben es nicht geschafft, das Neue mit dem Alten in Zusammenhang zu bringen. Sie sind verkrustet und in Strukturkrisen. Sie sind in Macht verstrickt, Spiritualität hat sich verflüchtet und ist nur in Inseln vorhanden. Menschen, die die Gefahr sehen und Auswege suchen, werden hinausgedrängt. Da ist nur zu hoffen, dass Brücken gebaut werden von dieser fragwürdig gewordenen Welt und Kultur unserer Zeit, von der Tradition zu unserer postmodernen Welt. Die Wissenschaft kann uns nur zur Warnung dienen. Ihre Kenntnisse, so überraschend sie sind, weisen keinen Weg in die Zukunft.

Die durchtechnisierte, computerisierte, globalisierte Welt gibt keinen Sinn. Wir fliegen zu den Planeten, haben Instrumente, die ganze Erde zu zerstören, erzeugen Produkte, die auf Jahrtausende hinaus gefährlich sind, wir führen unsinnige Kriege, die Gesellschaft zerfällt, die Menschen werden Kritiker, Spötter, Zweifler und Gottlose. Die einen geben es auf, an eine bessere Zukunft zu denken, die anderen hoffen auf eine Wandlung und Paradigmenwende.

Mir fällt dazu ein Bild ein, das mich beeindruckt hat und an das ich häufig denke. Ich fuhr auf einer begradeten Landstraße, wo man einen Hügel bei der Wegbegradigung durchschnitten hatte und wo oben auf dem Rand des noch bestehenden Hügels ein Mann auf einer Bank saß, nachdenkend oder sinnend, mit den Händen auf seinen Schirm gestützt, und hinter ihm ein altes Marterl, sehr schön erneuert, das offenbar beim Straßenbau versetzt worden ist.

Was er dachte, was er empfand, weiß ich nicht. Aber ich weiß, dass man die alten Wege nicht nach dem Gesichtspunkt der Rationalität angelegt hat, sondern dass man den Weg von einem Marterl zum anderen leitete, auch wenn der gerade Weg nicht so gelaufen wäre.

Man ging zu Fuß und ruhte beim Marterl aus, verweilte, verrichtete seine Andacht, dann aß man vielleicht sein Brot, ging weiter und verweilte beim nächsten Wegdenkmal. Die neuen Straßen und das Auto verleiten zum Jagen. Die alten Wege zu Fuß, zu Pferd oder mit Wagen ging man langsamer und bedächtiger mit Pausen, die notwendig waren für Mensch und Tier. Was machen wir mit der so gewonnenen Zeit? Oder ist uns das Rasen, das Jagen wichtig, treibt es uns an und hindert uns am Verweilen und Nachdenken?

Der Wiener Archäologieprofessor Helmut Windel hat unsere Ausgrabungen mit der Kulturgeschichte der damaligen Zeit in unserem Land und in der Umgebung neuerdings sehr schön dargestellt und wir wollen einiges daraus zitieren. »Die agrarische Revolution, das heißt die Umstellung der Ernährung vom Sammeln und der Jagd der Vorgeschichte, begann im Osten. Jericho, an der Mündung des Jordans in das Tote Meer, gilt als die älteste Stadt der Welt, in der schon Landwirtschaft und Viehzucht betrieben worden ist. Es dauerte etwa 3000 Jahre, bis diese Umstellung, die mit der Sesshaftwerdung verbunden war, in unsere Gegend gelangte.« Er nennt Brunn am Gebirge als älteste Siedlung und beziffert sie auf 5600 Jahre v. Chr. In Zusammenhang damit stehen die Ausgrabungen der Wallanlagen des nahen Perchtoldsdorf. In Aspang a.d. Zaya nimmt er das Jahr 5200 oder 5300 v. Chr. an. Die Radiokarbonmessungen ergaben das Jahr 5040 als gesichert. Man hat damals schon verhältnismäßig große Häuser gebaut, es gab Backöfen, Speicher, Abfallgruben und – wie im Katalog des Museums von Aspang a.d. Zaya - Plätze der vielen religiösen Tätigkeiten. Das Haus, das nach den Pfostenresten in Aspang a.d. Zaya im Freiluftmuseum nachgebaut worden ist, hat einen ovalen Graben mit einem Durchmesser von etwa 300 Metern. Prof. Windel sagt, daß zu diesen Bauten schon eine entsprechende Organisation und eine Gesellschaftsordnung notwendig war. Entsprechungen zu den Ausgrabungen und Erkenntnissen von Aspang fand man in Ausgrabungen von Thalheim bei Heilbronn in Deutschland und anderswo.

Die älteren Archäologen sind der Frage nach ersten kriegerischen Auseinandersetzungen nachgegangen und haben behauptet, dass es in der Jungsteinzeit wegen der dünnen Besiedlung des Landes keine Kämpfe gab. Nun sagt Prof. Windel, dass es in der Jungsteinzeit schon eine starke Siedlungsdichte gegeben hat, eine neue Kultur des Akkerbaus und der Viehzucht und der Siedlungen, dass schon frühzeitig die besten und geeignetsten Gründe besetzt wurden und die Bevölkerung sich daher stärker vermehrte, sodass es, wenn der Boden ausgenützt war, zu einer Wanderung und Suche nach besseren Plätzen kam. Das ging nicht ohne Kämpfe ab.

Andere Archäologen behaupten, dass, wenn zwei Neandertaler einander trafen, nur einer übrig blieb. Wie war es wirklich? Noch wissen wir es nicht. Der Weg des Menschen in seiner materiellen und geistigen Entwicklung war mühsam und schwer. Der Neandertaler ist nicht unser direkter Vorfahre, er hatte eine schwere Zeit zu überleben, die Eiszeit. Er starb vor 50.000 Jahren aus, ein Verwandter, der Homo sapiens, führte die Entwicklung weiter bis zu uns. Er hatte einen anderen Schädel, überlebte die Eiszeit und wurde sesshaft.

Aber der Neandertaler dachte bereits nach und fand neben oder über dem Diesseits das Jenseits, kannte und übte Kult. Das tragen wir alle noch in uns, wenn auch mit Schwierigkeiten. Die Religionen sind nur Übergang. Krisenzeiten, wie wir sie erleben, sind aufs Ganze der Zeit gesehen, nur Übergänge. Wir sind zu kurzsichtig, ob als Gläubige oder Ungläubige.

Jesus, der Sohn Mariens, ist der neue Mensch. Er zeigt das Bild des neuen Menschen, der die Grenzen des homo sapiens überschreitet. Maria ist Repräsentantin der Menschheit, der Erde, ihr Sohn verbindet Gottheit und Menschheit. Das steckt in der Tradition, im Kult und Volksglauben, auch in uns. Dem wollen wir nachgehen auf den alten Plätzen. »Suche die Wege«, hat Hildegard von Bingen auf prophetische Art bald nach der ersten Jahrtausendwende gesagt.

BEZIRK MÖDLING

Hinterbrühl

Hinterbrühl liegt am Mödlingbach im hügeligen Waldland, Mödling hingegen östlich davon in der Wiener Ebene.

Brühl heißt feuchter Grund oder Au, wahrscheinlich war einmal durch die sogenannte Klause in der Vorderbrühl der Bach gestaut. Die Straße führt von Mödling den Bach entlang durch die Brühl nach Gaaden und Heiligenkreuz tiefer in den Wienerwald hinein. In diesem Jahrhundert wurde am Ende von Hinterbrühl an der Mündung des Weißenbaches eine Brücke und Straße gebaut. Dort steht das Haus, in dem ich wohne. Wahrscheinlich war es ursprünglich eine Mühle, wurde später ausgebaut zu einem Herrschaftshaus und kam in den Besitz des kaiserlichen Burghauptmannes. Es liegt zwischen Schwarzkogel und Schweinzerberg. Auf beiden Hügeln wurden keltische Siedlungen ausgegraben. Verstreut findet man noch heute Scherben.

Am Osthang des Schwarzkogels ist unterhalb des Gipfels eine Terrasse mit einer Palisade entdeckt worden. Außerdem sind noch mehrere andere Siedlungsterrassen erkennbar. Die größte ist über 30 Meter lang und 6 Meter breit. Bei der letzten Grabung fand man Reste aus der Urnenfelderzeit, Tongefäße und ein Bronzemesser. Ich habe daneben die beiden Kultstätten, eine männlich, eine weiblich, gefunden. Der Opferplatz aber dürfte ein oben abgestumpfter und nach außen steil abfallender Felsblock gewesen sein, wo die Archäologen nicht gegraben haben. Beim Kultfelsen und Opferplatz haben Kinder bronzene Mondsicheln und Schmuckstücke gefunden. Der Förster erzählte mir, dass er dort schon mehrmals Privatleute mit Suchgeräten angetroffen hätte, die behaupteten, nach Münzen zu suchen.

Der Schweinzerberg fällt nach zwei Seiten steil ab. Die Begrenzung auf der flacheren Seite ist durch einen kleinen Wall zu erkennen. In der Mündung des Weißenbaches meinem Haus gegenüber ist die sogenannte Sauerstiftung, ein altes Herrenhaus, das jetzt von einer religiösen Gemeinschaft bewohnt wird. Ein steiler Steig führt von dort zur Siedlung hinauf, die auf der Hochfläche liegt. Ein Stück unterhalb des Hanges liegt ein großer quaderförmiger Stein neben einer großen Föhre, die mit einer riesigen Wurzel den Stein umschlingt.

Heute steht dort eine Bank und auf dem Baum hängt ein Kreuz von einem Kreuzweg, der von unten herauf führt. Genau nördlich nach Weißenbach am Bach steht ein kleiner, aber eindrucksvoller Menhir, den man als Opferstein bezeichnet. Er trägt eine schalenartige Rinne, die zu Opferhandlungen benutzt wurde. Beide Steine haben eine sehr starke Strahlung. Auf der gegenüberliegenden Seite steigt ein bewaldeter Hang empor, in dessen Kalkfelsen eine geräumige Höhle ist, die als Mariengrotte gerne besucht wird.

Vor der Höhle steht eine riesige Föhre, die sich in etwa drei Meter Höhe in drei gleich starke Gipfel verteilt. Ein deutliches geomantisches Merkmal. Oberhalb der Höhle ist ein überaus stimmungsvoller ebener Platz, der von steilen Felswänden halbrund umgeben ist und den Blick auf den gegenüberliegenden Schweinzerberg freigibt. Wenn man jemand mit geschlossenen Augen dort hin führen und fragen würde, wo er sich befindet, würde er sagen: Irgendwo in der Schweiz; so schön ist es dort. Als ich noch jünger war, habe ich oben eine Holzhütte aufstellen lassen und bin im Sommer abends hinaufgegangen und habe dort die Nacht verbracht, meist mit meinem Hund. Es waren unvergleichliche Abende, Nächte und Sonnenaufgänge und ich spürte instinktiv die Kraft des Platzes und die Ruhe, die er mir schenkte, ohne von Erdstrahlen und Geomantie etwas zu wissen.

Eingang der Mariengrotte in Hinterbrühl

am Weg zur Mariengrotte, Hinterbrühl

Am Einstieg zur Höhle hängt an einer riesigen Eiche eine Holztafel mit der Schrift: Schweigen im Walde. Tatsächlich wird dieser Weg von Gruppen, die zu Kultfeiern auch nächtens hinaufsteigen, schweigend gegangen. Schweigen im Walde ist eine Mahnung an den Besucher und zugleich ein Zitat aus einem der schönsten Gedichte von Goethe, wo es heißt: »Die Vöglein schweigen im Walde, warte nur, balde ruhest du auch.«

In meinem Garten stehen zwei Lochsteine, die aus der Gegend von St. Thomas am Blasenstein stammen, wo sie vor einigen Jahrzehnten von den Bauern trotz meiner Mahnung wie viele andere ausgegraben wurden, weil sie ihnen im Wege standen.

Ich habe lange mit oberösterreichischen Heimatkundlern gestritten, dass es sich bei den sogenannten Godasteinen, Lochsteinen, wie sie in Oberösterreich genannt werden, um Kleinmenhire handelt. Nach etlichen Jahren schrieb mir einer von ihnen: »Du hast recht, es sind Menhire, also Kultsteine.« In Niederösterreich gibt es verhält-

KZ Platz Hinterbrühl

nismäßig wenige. In Oberösterreich stellt man jetzt an den Straßen wieder neue auf, aber sie sind wertlos, weil sie neu zubereitet wurden. In der Hinterbrühl stehen noch einige solche verpflanzte Steine. Einen haben wir hier in der Nähe der Autobahn gefunden. Er lag unterhalb des sogenannten Weißen Kreuzes, einer alten Kultstätte mit einer Höhle. Wir haben ihn auf den Platz gebracht, wo bei uns eine KZ-Gedenkstätte ist und aufgestellt. Außerdem habe ich dort zwei fast mannshohe kugelartige Felsstücke, die offensichtlich zubehauen sind, aufgestellt, die aus einem von mir entdeckten Kultplatz in Ybbs an der Donau stammen, der leider nicht mehr existiert.

Ein Kultstein auf der sogenannten Marienhöhe über Ybbs steht noch an seinem alten Platz, weil es mit den technischen Geräten nicht möglich war, ihn vom Platz zu schieben, wie es der Erbauer eines Hauses haben wollte. Mit den großen runden gelang es ihm. Mit großem Aufwand wurden sie geborgen, auf den KZ-Platz in Hinterbrühl gebracht und aufgestellt. Jetzt werden regelmäßig Gedächtnisfeiern abgehalten.

Weitere Menhire ließ ich in die Südstadt bringen, der neuen Siedlung bei Maria Enzersdorf. Einer ist mannshoch, hat ein großes Loch und steht vor der Kirche. Ein zweiter, sehr schön geformter säulenartiger, steht auf der anderen Seite der Kirche im Freien. Er erinnert an die Frau von Wultschau bei Weitra, er schaut einer schlanken Frau ähnlich. Als er mit einem Kettenfahrzeug befördert wurde, schlug man ihn an und er klang wie eine Glocke.

Ein anderer, zur selben Kultstätte in Ybbs gehörender, fast runder, schön bearbeiteter Stein, liegt in der Kirche der Südstadt neben dem Altar unter einer Marienikone und trägt eine kleine Schale, in der beim Gottesdienst immer ein Kerzenlicht brennt. Er hat seine Strahlung mitgebracht und sie ist durch den Kult in der Kirche gesteigert worden.

Ein weiterer schöner, großer und breiter Stein verschwand beim Bau der Kirche. Er wurde entweder in die Grundmauern eingegraben oder von jemandem genommen. Neben der Ikone mit dem Stein steht ein großer eiserner Ständer für Opferkerzen, die von den Gläubigen für ihre Gebete und Wünsche angezündet werden. Sie werden nicht ausgelöscht, sondern brennen etwa fünf Stunden, dann gehen sie eine nach der anderen aus. Die Lichter könnten von vielen Schicksalen erzählen. So lebt der Kult an diesem Stein und hat seine Fortsetzung nach etlichen tausend Jahren noch heute.

In Richtung Westen steigt Maria Enzersdorf zum Wienerwald an. Dort steht die Burg Liechtenstein. Wie der Name sagt, ist sie auf einem alten Kultplatz gebaut, was auch die Strahlung bezeugt. Der Platz war schon vor 5000 Jahren besiedelt. Das Urlauberkreuz nahe der Burg ist ein Bau, der in dieser Form im vorigen Jahrhundert von Fürst Liechtenstein errichtet worden ist, es ist eine Station der Pilger auf der sogenannten heiligen Straße nach Mariazell. Ein neues Christophorusmosaik grüßt, segnet und mahnt die vielen Autofahrer, welche vorbeikommen. Gleich in der Nähe, nördlich

Burg Liechtenstein bei Mödling

des Urlauberkreuzes, ist die Dreisteinstraße. Wie der Name sagt, stehen dort, verstreut in den Gärten der Häuser, drei Steinmale, die kultische Bedeutung hatten, etwa 100 Meter voneinander entfernt. Dasselbe ist vom nahen Hirsch- und Rauchkogel zu sagen, wo prähistorische Funde gemacht worden sind.

In Hinterbrühl ist eine Waldandacht. Von der Kirche führt ein Steig hinauf zur sogenannten Römerwand. Sie ist eine künstliche Ruine, die von Fürst Liechtenstein im vorigen Jahrhundert erbaut wurde. Über der Römerwand hinter dem Sportplatz ist eine verhältnismäßig neue Waldandacht entstanden. Bilder von der Muttergottes, ein Kreuz und eine Kniebank wurden aufgestellt und der Platz wird immer wieder besucht und geschmückt. Ich verstand früher nicht, dass man hier immer wieder dieselben Marienbilder anbrachte. Erst später, als ich las, dass schon die Germanen ihre

oberes Bild: Urlauberkreuz, Maria Enzersdorf
Marterl an der Straße nach Mariazell, Hinterbrühl

Kultstätten im Freien aufstellten und dabei Götterbilder oder das Bild eines Gottes in vielfacher Form an Bäumen anbrachten, verstand ich es. Der einzelne Beter hatte ein Anliegen und identifizierte sich mit seinem Götterbild. Ähnlich verhält es sich in Tibet, wo man an Steine oder Bäume Bänder hängt, die im Winde bewegt werden. Der Ursprung ist derselbe. Man ruft die Gottheit an, bei uns Maria, und ehrt sie durch den Besuch, das Gebet und das Bildopfer. Teils verband man es mit einem Anliegen, teils sind es Zeichen der Dankbarkeit und Verehrung.

Vor einigen Jahren hat man in Brunn am Gebirge Spuren aus der ersten bäuerlichen Siedlungszeit gefunden, die man auf 8000 Jahre schätzt. Die ersten fand man bei Straßenarbeiten. Vermutlich sind hundert jungsteinzeitliche Häuser dort gestanden. Im Lehmboden fand man Gebrauchs- und Kultgegenstände, wie eine schlanke Frauenstatue, von der leider der Kopf fehlt. Man glaubt, dass sie ein mit Pech angeklebtes Stoffgewand getragen hat.

Gießhübl bei Mödling scheint merkwürdigerweise als ältere Wallfahrt nicht auf. Oberhalb des Ortes steht der Gaisbühel, von dem aus man eine wunderbare Aussicht auf die Wiener Ebene hat. Daraus entstand das Wort Gießhübl. Das dürfte der alte Kultplatz gewesen sein. Wie bei vielen anderen Orten auch, hat die Wallfahrt durch den Bau der Kirche gelitten. Bis vor kurzem kamen noch Wallfahrer aus den umliegenden Orten.

Der Gaisberg in Kaltenleutgeben liegt südlich des Ortes und hat auf einem Hang eine Höhle. Sie ist nicht groß und führt durch eine Engstelle in einen kleinen Raum. Im Vorraum hat man neolithische und bronzezeitliche Geräte gefunden, die auf kultische Verwendung hinweisen. Dass die Gegend schon im Neoli-

Menhir in der Südstadt

thikum bewohnt war, zeigen entsprechende Funde im nahen Gaisgraben.

In Kaltenleutgeben stand dort, wo jetzt die Kirche ist, ein heilsamer Jakobsbrunnen.

In Wiener Neudorf bei Mödling stand früher ein Fieber- oder Cholerakreuz, es wurde am Karsamstag um 23 Uhr von den Ortsbewohnern besucht.

In Sulz im Wienerwald erhebt sich oberhalb der kleinen Ortschaft Rohrberg ein Platz, der als spätneolithische Steinsiedlung erkannt wurde. Auch aus der Urnenfelderzeit fand man Reste. Palisaden wurden festgestellt. Ob dort Kult war, ist nicht festzustellen.

Mondidol, Museum Mödling

RELIGION UND RELIGIONEN

Man ist sich einig, dass es kein Volk auf der Erde ohne Glaube und Religion gibt, so verschieden sie auch sind, angefangen von Zauberei bis zur Hochreligion. Es gibt den Eingottglauben und den Glauben an viele Götter, den Glauben an Geister. Man unterschied früher zwischen Offenbarungs- und Naturreligionen, was man heute aufgegeben hat. Auf irgendeine Weise ist jede Religion eine Offenbarung. Die ganze Fülle der Gottheit durchschaut niemand. Jede Religion versucht auf ihre Weise, Gott nahezukommen. Die Verschiedenheit fängt schon in einzelnen Religionsgruppen an. Die Christen sind vielfach gespalten: die großen alten, sogenannten christlichen Kirchen, die orthodoxen und die östlichen Christen, die der orthodoxen Kirche angehören und die westlichen, die sich zum Christentum bekennen, aber wieder gespalten sind in Katholiken, Protestanten und Freikirchen. Wie viele christliche Kirchen es im Bereich des Protestantismus gibt, weiß kein Mensch. Der Unglaube oder die Gottlosigkeit, der Agnostizismus und der Atheismus ist in den zivilisierten Ländern sehr stark verbreitet. Mit wachsender Erkenntnis sind auch die Zweifel gewachsen und die Vereinzelung der Menschen. Man lebt nicht mehr in der Gruppe, - sei es in der großen oder in der kleinen - spaltet sich immer wieder von den anderen. In alten Religionen mit dem gewachsenen Gesellschaftsgefüge glaubte man, was alle glaubten, was von den Vätern überliefert war, ohne es in Frage zu stellen. Das trifft heute nicht mehr zu. Heute stellt man sich die Frage: Woran glaubt einer, wenn er nicht glaubt? Botho Strauß sagt: »Wir leben in einer devotionsfeindlichen Kultur.«

Ist dem modernen Europäer, dem es gut geht, noch wirklich etwas heilig? Was ist er bereit, als Wert anzuerkennen? Fühlt er sich dem verpflichtet? Eine schwere Frage. Anderseits sind auch die einzelnen Religionen, religiöse Gemeinschaften und Kirchen in der Erklärung und Formulierung ihrer Glaubenssätze und Andachtsübungen verschieden. Die katholische Kirche, die die zentralisierteste und am besten durchorganisierte Großkirche ist, zu der sich eine Milliarde Menschen bekennen, ist in mehrfacher Weise gespalten.

Der Stadtmensch lebt in einer anderen Umgebung und daher wandelt sich auch sein Glaube bzw. wächst sein Unglaube anders, als wenn einer noch in einer dörflich gewachsenen Gesellschaft lebt. Ich möchte nicht sagen, dass wir in einer unreligiösen Zeit leben. Aufs Ganze gesehen, sind die Religionen im Wachsen. Die sogenannten Offenbarungsreligionen berufen sich auf eine unmittelbare Herleitung ihres Glaubens, auf eine Offenbarung Gottes selber. Die Christen, Juden und Mohammedaner bekennen sich zum Glauben des

Abraham an einen Gott. Aber was sie trennt, ist fast größer, als das, was sie einigt. Protestantismus ist entstanden aus einer berechtigten Kritik an religiösen Abirrungen im Mittelalter. Die großen Reformatoren haben sofort zu streiten begonnen und die Einigungsbestrebungen haben wenig bewirkt. Sie stecken in den Anfängen. Ideologien mausern sich zu Scheinreligionen. Weltanschauliche Gruppen haben religiösen Charakter angenommen.

Kann man auch sagen, dass mit dem abnehmenden Glauben der Aberglaube gewachsen ist? Das Interesse für Esoterik und Okkultes ist im Steigen begriffen. Aus den Atheisten sind Agnostiker geworden, das heißt, die Atheisten behaupten, dass es keinen Gott gibt und die Agnostiker sagen, wir wissen es nicht, und werden es nicht erfahren. Heute noch ist es gesellschaftlich besser, sich zu einem Glauben, als zur Gottlosigkeit zu bekennen. Weltweit ist die Religion noch immer die stärkste sozialisierende Kraft.

Wie sollen wir uns einem heiligen Platz nähern? Was sollen wir dort tun?

Wir sind verschiedener Herkunft, wir sind verschiedener Gesinnung. Aber eines sollten wir gemeinsam haben, dass wir uns dem Platz mit Ehrfurcht nähern. Es sollte uns etwas erwarten, wir sollten uns auch überraschen lassen. Aus dem Auto heraus, gleich zum Platz hin, ihn umkreisen, ihn fotografieren und dann zum nächsten eilen, das ist nichts. Da ist es besser, wir suchen nur einen Platz auf und lassen uns Zeit dafür. Wir sollen umschalten, abschalten. In dem Gedicht, das wir alle einmal in der Schule gelernt haben, heißt es: »In des Poseidons Fichtenhain, tritt er mit frommen Schauer ein.«

Das Wort fromm ist für uns belastet, weil wir es mit falscher Frömmigkeit verbinden. Aber der Dichter meinte es umfassender, als eine tief menschliche Stimmung. Wenn wir in ein Konzert gehen, stellen wir uns um auf Musik und warten, bis Stille eintritt und die Musik beginnt, uns in ihren Bann zieht und zu einem Erlebnis wird. Erster Grundsatz: abschalten und umschalten, innerlich und äußerlich. Wenn einer nach Mariazell fährt und aus dem Autobus oder seinem Auto herausstürzt und sofort in die Kirche hineinfällt, dann versäumt er viel und ist fehl am Platz. Wenn er sich schon bis zum Parkplatz nähert, sollte er wenigstens einmal, besser dreimal, wie es die alten Pilger taten, die Kirche umkreisen. Wir sollten alle Blasiertheit, alle Kritisiersucht ablegen. Wenn wir uns gleich über die ersten Standler ärgern, an denen wir vorbeigehen, sind wir auch fehl am Platze. Sie haben ihren Sinn für viele Menschen, wenn sie für dich keinen haben, dann gehe, ohne Ärgernis zu nehmen, an ihnen vorbei. Stelle dich positiv, oder wenigstens neutral ein.

Sei empfänglich für Eindrücke, nicht nur optischer und akustischer, sondern aller Art. Gehe nicht gleich zum Heiligtum und betrachte es wie ein Fremder, sondern suche Verbindung mit ihm, auch wenn es deiner Gesinnung und Weltanschauung nicht entspricht. Wenn ich als Katholik zu einem japanischen Schrein gehe, dann mache ich es wie ein frommer Japaner und passe mich den Sitten an.

Der nächste Grundsatz: Mach alles langsam und bedächtig, und wie die Zenleute sagen, achtsam. Achte auf dich und achte auf das, was um dich ist, was du siehst und hörst und wahrnimmst mit all deinen Sinnen. Setze dich in eine Bank oder knie nieder und halte Abstand, bis du in der richtigen Verfassung bist, ganz still und offen. Neugierig kann gut und schlecht sein. Negativ neugierig ist, wenn du auf das, was wir interessant nennen, aus bist, auf das Sonderbare, das Merkwürdige, das Neue, das Andere. Neugierig im Sinne aber von erwartungsvoll, das kannst du sein. Das ist im Worte achtsam auch enthalten.

Das Wort fromm hat für uns einen bösen Beigeschmack. Aber wenn du einmal in einem spanischen Land, bei den Indios oder bei den

Moslems warst und ihre Frömmigkeit erlebt hast, dann wirst du sehen, was uns fehlt. Die Römer hatten dafür das Wort pietas, was mit Andacht und Frömmigkeit, besser aber mit Ehrfurcht übersetzt werden kann. Die Griechen hatten dafür ein ähnliches Wort.

Wie man es nicht machen soll, sieht man sehr gut an den Besuchern der großen Kirchen, Kathedralen und Wallfahrtsbasiliken in unseren Tagen. Heute gehen in die Kirche Leute, weil sie neugierig sind und erzählen wollen, wo sie waren. Sie stellen sich an einen Platz, verlegen, wissen nicht, was sie tun sollen, schauen Bilder an und sind überfordert. Man soll alles im ganzen auf sich wirken lassen. Man soll nicht die Engel zählen oder wie das Einzelne ausschaut, lass den Raum auf dich wirken. Das gilt sowohl für Innenräume, für große Kunstwerke, wie für Plätze im Freien, Steine, Bäume, Quellen, Erde und der Himmel darüber.

Wenn du allein bist, hast du es leichter. Schwieriger ist es, wenn du in einer Gesellschaft bist, die anders eingestellt ist, solche, die alles schnell gesehen haben wollen, vielleicht kritisieren und dann weiterrennen. Wenn du dich von dieser Schar nicht absondern kannst, dann versuche es später selber noch einmal und mache es richtig. Wenn du Menschen hast, die gleicher Gesinnung sind, ist es leichter. Aber auch da ist das Sprechen schlecht. Ihr könnt nachher eure Gedanken und Gefühle austauschen, ihr könnt auch schweigen, was vielleicht noch besser ist.

Wir stellen uns jetzt einen Kultplatz im Freien vor: eine Quelle, einen Stein, einen Baum, einen Berggipfel. Merkwürdigerweise behaupten Ungläubige oder Gleichgültige, dass sie da dem Himmel und Gott näher sind, als in den Kirchen. Man kann und soll Gott nahe sein, wenn man es vermag, drinnen und draußen. Der Platz ist heilig. Wenn du auch den Ursprung nicht weißt, er ist durch die Tradition, durch die oft jahrtausendjährige Verehrung der Menschen, vor allem aber der vergangenen Generationen heilig. Wenn er verwildert oder kitschig entstellt ist, nimm kein Ärgernis daran, sondern versuche trotzdem, mit ihm Kontakt aufzunehmen.

Die Besucher der Plätze in alter Zeit haben immer das Bedürfnis gehabt, etwas zu opfern. Der Brauch, Feld- und Waldfrüchte niederzulegen oder in die Schale zu geben, ist uralt und besteht an manchen Plätzen heute noch. Das Steinopfer ist uns schwer verständlich, denn der Stein, den man am Wege findet, ist ja nichts wert. Trotzdem ist es bei den Juden Brauch, daß sie auf Gräber Steine legen und bei den Tibetanern trägt man Steine ein Stück mit und legt sie zu Haufen zusammen. Bei uns hat man das später als Bußsteine aufgefasst. In Mariazell am Siegmundsberg, in Maria Schutz oder in St. Wolfgang ist so ein Steinhügel. Es gibt viele uralte heilige Steine, Steine mit großen oder kleinen Schalen, in die man heute noch Beeren und Blumen opfert. An manchen Plätzen ist es auch möglich, dass man ein Lichtopfer darbringt. Wenn man sich Zeit nimmt und länger an einem Platz verweilt, so kann man sich an passender Stelle hinsetzen oder hinlegen, man kann dort essen und miteinander sprechen.

Die Alten sprachen von einem genius loci, dem Geist eines Platzes, wobei nicht an ein Gespenst gedacht wurde, sondern ein geheimnisvolles Wesen und wo der Bildbaum oder der Stein als lebendig erfahren wurde. Du sollst dem Platz etwas mitbringen im Sinne einer Gabe, vor allem aber deine Andacht, deine Verehrung.

Val Camonica

nächste Seite: Karlstisch, Baden, Rohrgasse

BEZIRK BADEN

Der Buchberg in Alland war schon in der Jungsteinzeit besiedelt und hat eine Wallanlage. Ob ein Kultplatz dort ist, konnte nicht festgestellt werden. Der Name Buchberg würde soviel heißen wie Burgberg. Wie in jedem Ort eine Kirche oder Kapelle steht, so hat es in jeder alten Siedlung einen Kultplatz gegeben.

Verdächtig dafür ist auch der sogenannte Ölberg, der sich weiter im Westen befindet. Er besitzt einen Wall und einen Graben.

Die Königshöhle von Baden ist von den Archäologen als Opferplatz erkannt worden. Man fand ein Gefäßdepot und einen Brandopferplatz. Noch im 4. Jahrhundert n. Chr. wurde er von den Bewohnern verwendet.

Auf Rauheneck ist eine vorgeschichtliche Wallanlage, aber kein Hinweis auf einen Kultplatz.

Eine ähnliche Wallanlage ist auf dem sogenannten Rauchstall. Grabungen haben Reste aus der Urnenfelderzeit erbracht. Auf der Ruine Rauhenstein fand man Scherben und eine Pfeilspitze aus dem Ende des Neolithikums, aber keinen Hinweis auf einen Kultplatz.

Im Kurpark von Baden ist das sogenannte Winschloch als Opferplatz festgestellt worden. Im Winschloch ist auch eine Felsstufe aus der Römerzeit.

Diese Höhle ist am Rande des Kurparks, nicht leicht zu finden, aber sehr schön, ursprünglich und kaum besucht. Die Stiege und die steinerne Sitzbank sind kaum verändert, ein mystischer Platz im Wald. Man fand einen kleinen Opferaltar mit einer Opfernische. Es war ein Heiligtum des Herkules. Ein entsprechender Votivstein wurde gefunden, das Original ging verloren, ein Abguß ist im Museum von Mödling. Man sieht darauf, wie Herkules mit dem Stier kämpft. Auch ein Votivstein der XIII. Decurio, der römischen Legion wurde gefunden. Aus der Bronzezeit fand man Keramikstücke eines kultischen Depots.

In Baden in der Nähe des Friedhofes beim Eingang zum Kinderspielplatz steht der sogenannte Karlsstein, eine runde Steinplatte auf einem neueren Sockel. Die ursprüngliche Schale ist später durch Beton ausgefüllt worden.

Eine weitere Kulthöhle ist die sogenannte Putschanerlucke, die auch Räuberhöhle genannt wird und über dem Hunoldsgraben liegt. Man kommt nach dem Eingang in einen hohen Raum, der offensichtlich von Menschenhand erweitert und später durch Mauern befestigt worden ist und im Mittelalter als Versteck vor Räubern verwendet wurde.

In der sogenannten Grufthöhle unterhalb des Aussichtsplatzes im Kurpark fand man Skelette und eine Urne.

In der Steinberghöhle fand man Keramik aus der Hallstattzeit, die als Opfergaben festgestellt worden sind. Man nimmt an, daß sich auf dem Gipfel des Berges oberhalb der Höhle ein Kultplatz befand, der künstlich geschaffen worden ist.

Die sogenannte Ursprungsquelle liegt im Park hinter dem Casino unterhalb der Arena. Sie befindet sich nicht mehr im ursprünglichen Zustand. Zur Römerzeit wurde Baden als Aquae bezeichnet, was Wasser bedeutet und den römischen Soldaten zur Heilung diente. Beim Ausbau der Arena fand man einen Altar der Nymphen und einen für die Gottheit der Gesundheit.

Um Alland herum liegen mehrere sehr alte, oft bis ins Neolithikum zurückreichende Siedlungen, die durch Funde festgestellt worden sind.

Die Dreidärrischenhöhle liegt westlich von Gumpoldskirchen im Siebenbrunnental. Der Lage nach hat sie nicht als Wohnraum gedient, sondern als Opferstätte für Erd- und Totenkulte.

nächste Seite: Arnsteinnadel in Raisenmarkt, Bezirk Baden

Die Einödhöhlen in Pfaffstätten liegen am Hang des Kientales und sind den Tierknochen nach schon in der Steinzeit benutzt worden.

Die Elfenhöhle, die in der Nähe liegt, ist durch einen Einsturz nicht mehr begehbar und dürfte kultischen Zwecken gedient haben.

In Raisenmarkt im Bezirk Baden ragt auf dem Berg die riesige, weithin sichtbare Arnsteinnadel empor. Sie ist neben und über zwei Höhlen gebaut. In einer fand man Reste von Tieren aus der Eiszeit und Keramiken aus dem Neolithikum. Der auffallende Platz wurde schon früher von Menschen benutzt und hat noch heute mystischen Charakter.

Merkenstein

Burgen hat man oft auf alten Kultstätten erbaut, wie die in der Nähe auf dem Peilstein oder die Wehranlage auf dem Pankraziberg. Die ganze Umgebung um Merkenstein scheint eine große Kultanlage für einen weiteren Bereich gewesen zu sein. Die Höhle unter der Burg hat eine starke Strahlung und wird auch heute gern von Esoterikern aufgesucht. Dazu gehört auch eine zweite Höhle in der Nähe.

Dass diese Gegend immer schon als geheimnisvoll empfunden wurde, zeigen die beiden heiligen Bäume im nahen Kalkgraben, die Föhre am Stein mit der Schale und weiter hinten, wo früher die alte Buche am Stein ebenfalls mit einer schönen Schale stand.

Die Abzweigung von der Straße ist an der gleichen Stelle wie jene zur Burg beim Haidhof.

Die Höhle unter der Burg ist durch ein Tor versperrt. Im Innern kommt man in eine Erweiterung, eine Halle, durch die früher, als die Burg noch nicht auf dem Felsen stand, das Licht eingedrungen ist. In der Mitte liegt eine große Felsplatte, die man als Altar oder Opferstein deuten kann.

vorige Seite: Arnsteinhöhle in Rainsenmarkt, Bezirk Baden

In der Nähe von Großau im Großauerwald ist eine Georgskapelle, die verkommen ist. Einst war dort ein Einsiedler, jetzt heißt der Platz „das öde Schloß» und gilt als unheimlicher Ort, wo manchmal ein Schimmel ohne Kopf herumläuft. Darum wird die Kapelle auch Schimmelkapelle genannt. Im 18. Jahrhundert kamen so viele Leute, dass ein Altar und eine Kanzel im Freien aufgestellt wurden und ein Augustinermönch die Wallfahrer betreute.

Im Helenental bei Baden ist westlich über der Cholerakapelle eine deutlich erkennbare Wallbefestigung, die wahrscheinlich aus der Urnenfelderzeit stammt. Dort wurden 1988 24 Bronzestücke mit einem Gewicht von 124 kg gefunden. Es handelt sich also um ein Depotopfer. Auch römische Münzen wurden dort gefunden. Es heißt, daß man im Gelände keltische Münzen und Regenbogenschüsselchen gefunden hat. Wenn heute in unmittelbarer Nähe die Cholerakapelle steht, zeigt das die Kultkontinuität dieses Platzes an.

Die Waldandacht von Vöslau liegt am Südabhang des Wienerwaldes. Die Felsgruppe, die später Kaiserstein genannt wurde, liegt ein Stück hinter dem Gasthaus. Über der überhängenden Felswand steht eine Säule mit einer Schale. Am höchsten Punkt des Felsens ist der Opferstein mit zwei Schalen. Sie sind künstlich ausgehöhlt und haben einen Ausfluss nach beiden Seiten. Weil sie schon stark verwittert sind, nimmt man ein hohes Alter für dieses Heiligtum an. Die Schüssel ist 50 cm breit und 30 cm tief, man nennt sie Kaisersitz. Die Schale ist senkrecht in den Felsen hineingeschlagen. Die Felssäule ist etwa vier Meter hoch. Die Nische unter der Säule könnte ein Opferplatz gewesen sein. Die Schale hat Ähnlichkeit mit der von Grafenberg und Stoitzendorf.

Kaiserstein, Felssäule bei Bad Vöslau

Alte Rotbuche, Kalkgraben, Merkenstein

Der Kahlkopf bei Pottenstein an der Triesting ist ein Hügel im Dorf, der nach allen Seiten frei abfällt. Das Wort kahl hat mit der Glatze nichts zu tun, sondern deutet wie beim Kahlenberg auf einen heiligen Berg hin. Er trug einmal eine Hausberganlage mit Palisaden. Er ist sehr eindrucksvoll, wenn man ihn besteigt.

WALLANLAGEN

Auch in Österreich wurden bereits früher Wallanlagen der mittelneolithischen Zeit entdeckt, aber groß betrieben wurde die Forschung erst 1979, als man Friebritz entdeckte und zwei Jahre darauf Kamegg im Kamptal. Als das Bundesheer Luftaufnahmen machte, entdeckte die Archäologie, dass diese Aufnahmen für sie von großer Bedeutung waren, weil Anlagen, die eingeebnet waren, jetzt deutlich an der Bodenverfärbung sichtbar wurden. So fand man 30 Kreisgräber im Gebiet des Weinviertels. Sieben hatten einen Kreisgraben: Friebritz-Nord, Schletz und Rosenburg, achtzehn hatten zwei:

Wallanlage, Falkenstein

47

Friebritz-Süd, Kamegg, Straß im Straßertal und Strögen, fünf fand man mit drei Gräben, das war Gauderndorf, Glaubendorf, Hornsburg, Immendorf und Siemensfeld, auch im südlichen Niederösterreich, in Oberösterreich und besonders in Bayern, aber auch in Böhmen und Mähren, in der Slowakei und Ungarn wertete man diese Luftaufnahmen aus und fand verschiedene runde oder vierreckige Wallanlagen. Sie hatten ein, zwei oder drei Gräben und verschiedene Höhen, der Durchmesser war zwischen 45 und 145 Meter. Sie waren 10 Meter breit und 6 Meter tief. Durch Regen und Wind und durch menschliche Tätigkeit sind viele Gräben ganz oder zum Teil eingeebnet worden, manche bereits in der Jungsteinzeit. Die frühesten Anlagen dieser Art gehörten der Lengyelkultur an. Sie dienten anfangs kultischen Zwecken, später wurden sie auch anders verwendet. Die Ausgänge waren nach den vier Himmelsrichtungen erstellt. Wahrscheinlich hatten sie auch astronomische Bedeutung.

Wallanlagen liegen meist auf erhöhten mit Wall und Graben umgrenzten Plätzen. Viele dieser Höhlensiedlungen sind kaum mehr feststellbar. Früher glaubten die Archäologen, dass in dieser ältesten Zeit die Bevölkerung so gering war, dass die Wälle nicht zur Verteidigung dienten, sondern Viehpferche waren. Die Wälle passen sich manchmal dem natürlichen Gelände an, der Schweinzerberg in Hinterbrühl fällt nach drei Seiten ziemlich steil ab. An einer verhältnismäßig schmalen Stelle aber, wo er in die Niederung übergeht, ist deutlich ein Wall zu erkennen. Die frühen Erkenntnisse oder Vermutungen von Muck, Schmidt und anderen, dass es Kultanlagen sind, wurde von den damals herrschenden, rationalistisch eingestellten Forschern abgelehnt. Dass es nicht echte Verteidigungsanlagen waren, konnte man daran erkennen, daß fast immer ein Stück des Walles besonders groß und hoch war, wie in Stillfried. Auch in der ältesten und bekanntesten Wallanlage von Falkenstein ist eine Seite des

Walles besonders hoch und markant. Einem eindringenden Feind wäre es leicht gefallen, daneben oder dahinter einzubrechen. Manche oder besonders viele eindrucksvolle Wallanlagen sind entweder kreisrund oder quadratisch, wie die in Bayern oder südlich von Nürnberg.

Frau Prof. Renate Holzschuh-Hofer hat den vorsichtigen, aber bemerkenswerten Satz geschrieben »Vorwiegend aus Erde und Holz gebaut, bilden die Hausberge entwicklungsgeschichtlich das Bindeglied zwischen den ur- und frühgeschichtlichen Ringwällen, sowie Höhensiedlungen und den mittelalterlichen Mauerburgen. Hausberge bestehen aus einem künstlichen oder natürlichen Hügel als Standort für ein festes Haus oder eine Wehrkirche.«

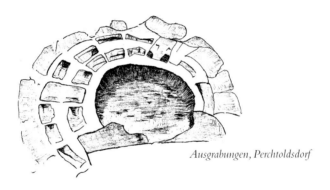

Ausgrabungen, Perchtoldsdorf

Die neuesten und aufschlussreichsten, aber auch schönsten Kreiswälle hat Frau Dr. Talaa in Perchtoldsdorf an der Südbahn ausgegraben und erforscht. Der westliche Teil wurde beim Bahnbau angeschnitten, der östliche wurde ausgegraben, vermessen, die Fundstükke wurden geborgen, alles sehr schön von oben fotografiert und dann leider wieder zugeschüttet, weil es Baugrund ist.

Die Konservierung und Erhaltung des im Wiener Raum einzigartigen Bauwerkes aus der ältesten Zeit wäre wert gewesen, als Denkmal erhalten zu bleiben, was leider nicht geschah. Über diesen Platz wird noch an anderer Stelle ausführlich zu reden sein.

Der kleine Platz im Zentrum der Anlage wird von drei Wällen umgeben. Als ich Frau Dr. Talaa nach dem Sinn und Zweck dieses schönen Bauwerkes fragte, antwortete sie ohne Zögern, dass er zweifellos kultischen Ursprung hat. Erweiternd könnte man sagen, dass sie auch für mehrere Zwecke verwendet worden sind. Man traf sich zu bestimmten Zeiten, auf geheimnisvolle Weise an geomantischen Plätzen, zu religiösen Festen, die mit Fruchtbarkeit, Jahreswenden, Kult der Erdmutter und anderem zu tun hatten.

Das Zentrum galt als heilig und wurde wahrscheinlich nur vom Priester zu Opferhandlungen aufgesucht. Das Volk zog im Kreis herum und näherte sich ihm nur vorsichtig.

Diese sogenannte circumambulatio - Umwanderung - hat sich in Tibet bei heiligen Bergen bis heute erhalten. Selbst Messner hat so einen heiligen Berg nur umkreist und nicht bestiegen. Er galt wie der Olymp bei den Griechen als Wohnsitz der Götter. Die Gestaltung dieser Feiern war verschieden. Wichtig war das zentrale Opfer. Wenn das Volk sich dann zum Festmahl und zum Tanz begab, war das durchaus sinnvoll. Wenn im Umkreis Markt oder Gerichtstag gehalten wurde, widerspricht das dem Sinn des Ganzen nicht.

Ein Vergleich mit den noch heute in vielen ländlichen Gemeinden üblichen Kirchweihfesten liegt nahe. Es beginnt in der Kirche mit einem Hochamt, dann wird in den Häusern Mahl gehalten, wozu auch die Verwandten aus der Umgebung eingeladen werden, es wird ausgiebig gegessen und getrunken. Ich habe an solchen Feiern teilgenommen. Dann

Tierfigur aus der Hallstattzeit

folgte der Tanz. Dass im Tanz kultische Elemente stecken, wie der Kreislauf der Sonne, die das Leben überhaupt ermöglicht und die Freude darüber, können wir verstehen. Das Fest dauerte mindestens zwei, manchmal auch drei Tage. Am folgenden Sonntag war der Nachkirtag.

Die kosmische Bedeutung der alten Feste kam in den Kreisgrabenanlagen in der Orientierung der Ausgänge nach den Himmelsrichtungen zum Ausdruck. Es war ein Fest des Lebens, aber auch eine Erinnerung und mystische Vereinigung mit den Verstorbenen der Sippe. Volkskundlich lässt sich das leicht nachweisen. In Resten lebt es in unseren Bräuchen und im Unterbewusstsein weiter. Leben und Tod waren und sind eine Einheit. Der Kreis schließt sich.

DER URSPRUNG DER PLÄTZE

Manche Plätze mit lokaler Bedeutung können so entstehen, dass einer eine besondere Vorliebe für einen schönen Baum hat, der im Freien oder auf einem Hügel steht. Den sucht er öfter auf, bald fällt ihm ein, hier könnte eine Bank stehen, er selbst oder jemand anderer hängt ein Bild an den Stamm. Andere werden aufmerksam und kommen auch, manche beten, der Baum oder Platz erhält einen Namen und die Tradition beginnt.

Das Bedürfnis nach heiligen Plätzen ist überall und immer vorhanden, es muss nicht ausgesprochen religiös sein. Manche Punkte der Landschaft haben den Menschen offen gemacht für das Geheimnisvolle, das Heilige, wie immer wir es nennen. Dort suchte er Erbauung und Ruhe, wie es in dem Lied von Schubert heißt: »Du findest Ruhe dort, es zog zu ihm mich immer in Leid und Freude fort.«

Dasselbe gilt von Bergen, besonders wenn sie eine regelmäßige Form wie die eines Kegels mit zwei Gipfeln oder gar drei wie der

Sinai oder unser Göttweiger Berg haben. In ihnen hat man den Wohnsitz der Götter gesehen. Das Wunder des Lebens hat man an Quellen erlebt, man weihte sie den Göttern oder man glaubte, daß dort Nymphen oder andere Geister anwesend seien oder erscheinen.

Der moderne Mensch, zumal der Städter, hat eine andere Beziehung dazu. Die Plätze sieht er als Kuriositäten, Denkmale der Vergangenheit, Sehenswürdigkeiten. Er hat keine Beziehung zum Mysterium, ist nüchtern, vielleicht manchmal auch sentimental. Aber einmal habe ich beim Besuch der Cheopspyramide erlebt, dass bei den vielen Gruppen, die zugleich dort standen, eine betroffene Stille herrschte.

BEZIRK NEUNKIRCHEN

Kreuzweg, Maria Taferl bei Gloggnitz

oberes Bild: Augenbründl bei Hirschwang
unteres Bild Maria Taferl, Gloggnitz

Payerbach

Mein Freund D.I. Martin Hellmayr stammt aus Payerbach an der Rax und interessiert sich für archäologische und geomantische Plätze. So entdeckte er eines Tages in Payerbach in einem abgelegenen Gestrüpp am Bach ein Steingebilde, das als Franzosengrab bekannt war und zwischen der Hauptstraße und der Mühlhofsiedlung liegt. Er erkannte darin einen sogenannten Dolmen.

Ein Dolmen ist ein Steintisch, das heißt, auf mindestens zwei aufrecht stehenden Steinen liegt ein großer Deckstein. Ursprünglich waren es wahrscheinlich nur Steingräber, die mit Erde bedeckt waren. Die großen Steindenkmäler wurden in der Megalithzeit erbaut, es gibt sie fast auf der ganzen Welt. Besonders zahlreich sind sie in Frankreich in der Bretagne. In unserem Raum sind sie sehr selten. Die meisten stammen aus der Bronzezeit. Sie dienten nicht nur als Grabkammer, sondern auch als Altäre. Man hat sie an strahlenden Plätzen errichtet, was man mit Rute und Pendel erkennen kann. Martin gelang es, die Gemeinde zu interessieren, das Dickicht wurde gelichtet und man fand Steine, die einen Steinkreis vermuten lassen.

So hat er auf dem gegenüberliegenden Kohlberg einen männlichen und einen weiblichen Stein gefunden. Bezüglich der Ortung hat er festgestellt, dass ein Zusammenhang zwischen dem Platz in Payerbach, dem Franzosengrab, dem Kohlberg, dem Kreuzweg in Finkenbach und der alten Kirche von Gloggnitz besteht.

Der Kulmriegelgipfel in der Nähe von Grimmenstein hat eine regelmäßige Kegelform und würde auf eine Kultstätte hinweisen. Man fand aber oben nur Mauern einer mittelalterlichen Burg. Eine Kulthöhle ist in der Nähe und zwar am sogenannten Entweg, etwa 100 Meter vom Waldrand entfernt. Die Höhle ist einen Meter tief und sehr eindrucksvoll. In neuerer Zeit hat man dort einen Andachtsplatz für die heilige Maria angebracht. Nach den Ausgrabungen ist es eine uralte Kult- und Opferstätte. Der sogenannte Entweg wurde im Mittelalter zur Beförderung des Eisenerzes angelegt, das man in der Nähe fand.

In Grünbach am Schneeberg liegt in etwa 1000 Meter Höhe eine prähistorische Wallburg, wo schon in der Urnenfelderzeit nach Erz gegraben wurde. Man fand hier neolithische Beile. Für uns ist die Quelle wichtig, die sich in nordöstlicher Richtung befindet, wo man ein Bronzedepot aus der Urnenfelderzeit fand.

In Hirschwang ist ein Augenbründl, das schon im 15. Jahrhundert genannt wurde. Heute steht über der Quelle eine Kapelle, früher stand dort ein hölzernes Kreuz.

In St. Johann am Steinfeld steht auf einem Hügel eine Kapelle mit einem Kalvarienberg im Walde. Jetzt ist die Kapelle der heiligen Dreifaltigkeit geweiht.

In Sierning ist eine Heilquelle, deren Wasser sowohl getrunken als auch für Waschungen verwendet wird. Es wird auch Marienbründl genannt.

In Kranichberg in der Gemeinde Kirchberg am Wechsel steht auf einem Platz, wo einmal eine alte Burg stand, eine Kreuzigungsgruppe.

Die Erasmuskirche steht auf einem Hügel in der Nähe auf den Resten einer alten Wehranlage.

Die Katzenkopfhöhle ist bei Neunkirchen. Die Katzen waren der Göttin Freia geweiht und wurden ihr auch geopfert.

Auf dem Schloßberg bei Pitten wurden in der Wallanlage Funde aus der Urnenfelderzeit gemacht. Man fand mehrere hundert Bronzeringe, Knöpfchen und Perlen, die von einem Fürstenkleid stammen. Am eindrucksvollsten ist die Höhlenkirche hinter der Georgskirche. Sie stammt aus der Karolingerzeit und hat schöne ro-

Speer

manische Fresken. Von der Ausgrabung der großen Gräberfelder war schon die Rede.

Der Kaltenberg in Prein an der Rax hat dieselbe Wurzel wie kahl, hat aber nichts mit unserem kahl zu tun. Er erinnert vielleicht an die alte Göttin Kali.

St. Johann im Sierningtal, Gemeinde Ternitz, hat einen schönen Hausberg mit einer Dreifaltigkeitskapelle, die aus den Steinen der ehemaligen Burg erbaut wurde. Der kultische Charakter der alten Hausberge wird nicht nur durch die Kapelle, sondern auch durch den Kreuzweg, der hinaufführt, betont.

In Sieding liegt in der Gösingwand südlich des Ortes die Reißerhöhle, auch Breccienkammer genannt, die in vorgeschichtlicher Zeit schon benutzt worden ist. Man fand hier Reste aus der Urnenfelderzeit.

In Sieding steht eine Pankrazikapelle mit einem Baum mit einer entsprechenden Sage.

Der Gfieder bei Ternitz trug einmal eine Wallburg mit Gräbern aus der Späturnenfelderzeit. Hier wurde Kupfer verarbeitet.

Die Christen und die heiligen Plätze

Welches Verhältnis soll ein gläubiger Christ zu den heiligen Plätzen haben?

Unsere Vorfahren, die Kelten und Germanen, pflegten bei den Steinen, Quellen und Bäumen zu beten und zu opfern. Als das Christentum kam, lehnten die Priester oft die Verehrung dieser Plätze ab als heidnisch und als Aberglauben. Zauberei und Magie waren ihnen verdächtig. Der heilige Bonifazius hieb die Donareiche um, um zu zeigen, dass der christliche Gott stärker ist als die heidnischen Götter. Als viele Jahre später ein deutscher Bischof in Rom beim Papst anfragte, was er machen solle, weil die Menschen trotz Taufe immer noch die heiligen Plätze aufsuchten, antwortete dieser, man möge die Plätze taufen, also weihen und umfunktionieren zu christlichen Kultstätten, was auch weitgehend geschah.

Fast alle unsere Wallfahrtsorte wurden schon in vorchristlicher Zeit aufgesucht und verehrt. Denken wir nur an Mariazell mit dem gespaltenen Stein, dem Ursprung und dem heiligen Bründl. In Maria Taferl ist es der keltische Opferstein, der noch heute neben der Kirche steht und in Dreieichen, wie es der Name sagt, der Baumkult. Aber es gab auch einen heiligen Felsen, eine heilige Höhle und eine heilige Quelle. So ist es an vielen anderen Plätzen.

Auch Klöster baute man gerne an solchen Stellen. Der Sonntagberg hat in der Kirche einen vorchristlichen heiligen Stein, von dem man noch in diesem Jahrhundert Staub abkratzte und als Heilmittel gebrauchte. In jeder Kirche ist der Altarstein ein Felsblock oder eine Steinplatte, die der Priester, wenn er zum Altar schreitet, zuerst küßt, wobei er gemahnt wird, dass der Altarstein ein Symbol für Christus selber ist.

Schwieriger ist es bei den Protestanten, weil sie diesen Kult ablehnen. In der Bibel selbst spielen die heiligen Plätze eine große Rolle. Der Felsendom in Jerusalem ist auf einem alten heiligen Stein errichtet und Christen, Juden und Moslems heilig. Die Patriarchen suchten im Heiligen Land die alten heiligen Stätten auf und übernahmen sie. Das gilt für Garizim, Schilo, Betel, Hebron und andere. Das Heilige Grab in der Grabeskirche in Jerusalem ist ein Felsblock mit einer Öffnung, in die die Pilger noch heute die Hand stecken und den Stein küssen. Im Grabe selbst, wo die Leiche Jesu lag und er auferstanden ist, ist wiederum eine große Steinplatte das Zentrum des Kultes. Bildbäume gibt es bei uns überall und die Marterl sind nichts anderes als eine Fortsetzung der alten heiligen Steine und Pfähle. Dasselbe gilt von den Holzkreuzen; sie sind Pflöcke, die man an numinosen Stellen angebracht hat. Die Christen erhöhten den Pflock, gaben ihm einen Querbalken und so sind aus den Holzpfeilern Kreuze geworden.

Es gibt viele alte Kultplätze, die als solche erkennbar sind und nicht verchristlicht worden sind. Auch diese kann ein Christ mit Nutzen aufsuchen.

Bezirk Wiener Neustadt

In Dreistetten bei Piesting ist die Einhornhöhle. Durch den Eingang gelangt man in einen größeren Raum, wo man Keramik- und Bronzerelikte gefunden hat. Feuerstellen aus der Bronze- und Hallstattzeit lassen auf eine Opferstätte schließen.

Die Hofmannshöhle bei Wöllersdorf-Steinabrückl ist an der Ostseite der Malleiten unterhalb des Berggipfels. Sie besteht aus einem größeren Höhlenraum und einem Überhang beim Eingang. Der innere Raum selbst ist acht Meter breit, neun Meter tief und über zwei Meter hoch.

Nach den Funden war die Höhle bereits im Neolithikum zeitweise bewohnt. Aus der frühen Bronzezeit wurden vor der Höhle kleine Krüge entdeckt, die in einer mit

Erde aufgefüllten Nische standen. Darunter lagen Tierknochen, die von den Archäologen als Opfergaben bezeichnet worden sind. Somit kann sie als Kultplatz gedeutet werden. Im Inneren fand man eine Feuerstelle mit Scherben und Nadeln. Auch die Relikte aus der Hallstattzeit deuten auf die Verwendung der Höhle als Opferstätte hin.

Der Steinerne Stadel liegt am Nordhang des Malleitenberges gleich unterhalb des Gipfels. Durch einen Einbruch entstand die eigenartige Form des Einganges.

Die Ausgrabungen ergaben Scherben aus der frühen Bronzezeit und weisen auf einen Kultplatz hin, der an die Hofmannshöhle erinnert. Man fand auch Reste aus der Hallstattzeit, darunter ein Messer in der Form einer Votivgabe. Dass in dieser Zeit hier ein Opferplatz war, haben die Archäologen eindeutig festgestellt.

Der Malleitenberg ist eine wichtige Siedlungs- und Grabanlage, die nach den Funden schon in der Steinzeit besiedelt war. In der Hallstattzeit war es eine wichtige große Siedlung am Rande des Wienerfeldes und ist zeitlich und kulturell im Zusammenhang mit dem Kalenderberg in Mödling und mit dem Schweinzerberg in Hinterbrühl zu sehen. Auf der Töpferwiese fand man die Reste einer Töpferwerkstatt und Kannen mit Teilen von Feuerböcken.

Am Feuchtenboden fand man ein sogenanntes Königsgrab. Feuerböcke, die man fand und die man auch als Mondidole bezeichnet, waren typisch für die Kultur der Hallstattzeit.

Die Zigeunerhöhle ist auf der Westseite der Malleiten am Steilhang zum Bach. Nach dem Eingang kommt man in einen Raum, wo man 5000 Jahre alte Scherben fand. Andere Stücke stammen aus der späten Jungsteinzeit, wo man Höhlen gerne als Kult-und Opferplätze verwendet hat. Im Zigeunerloch sind auch römische Münzen gefunden worden, ein Zeichen, dass es auch damals ein Opferplatz war.

linke Seite: Bründl, Winzendorf

Die Falschmünzerhöhle, früher auch Zwergloch genannt, liegt gegenüber der Malleiten. Dort wurden Bestattungen aus dem 3. Jahrtausend v. Chr. gefunden.

Von den Spurrinnen am östlichen Waldrand ist nichts mehr zu sehen, sie sind überwuchert.

In Muggendorf in der Nähe von Piesting ist ein markanter Felsblock, der von mehreren Seiten steil abfällt und weithin sichtbar ist. Er liegt nördlich des Ortes beim Karnerwirt. Der Platz wurde vor einiger Zeit archäologisch untersucht. Man fand eine natürliche Felsspalte und Zeichen, dass er 5000 Jahre lang besiedelt ist. Wahrscheinlich ist es ein alter Kultplatz, auf dem in historischer Zeit eine Burg gebaut wurde.

Dörfles liegt in der Gemeinde Willendorf. Die Katzenkopfhöhle befindet sich westlich des Wilden Steines oberhalb von Dörfles. Der Raum ist nicht groß, aber er dürfte nach den gefundenen Geräten schon in der mittleren Steinzeit bewohnt worden sein. Ob die Höhle auch zum Kult gedient hat, lässt sich nicht feststellen. Katzenopfer wurden der germanischen Göttin Freia dargebracht. Davor steht ein Rotes Kreuz.

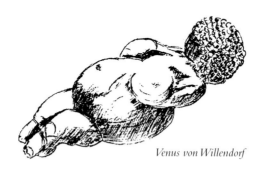

Venus von Willendorf

Maiersdorf liegt in einem Seitental auf dem Wege nach Grünbach am Schneeberg. In dem breiten v-förmigen Tal sieht man, wenn man von Osten kommt, plötzlich in der Mitte einen regelmäßigen Kegel stehen, der von einer Kirche gekrönt ist. Das Bild erinnert an viele andere Kultplätze und ist typisch. In der alten Symbolik bedeutet das V immer das Weibliche und der regelmäßige aufrechte Kegel das Männliche. Die Kirche, die einsam auf dem Hügel steht, heißt Maria Kirchbüchl. Das dazugehörige Pfarrdorf Maiersdorf liegt dahinter. Bei Grabungen hat man ein bronzezeitliches Depot gefunden, ein Zeichen für einen alten Kultplatz. Früher stand auf dem Gipfel eine Holzkirche, die dem heiligen Thomas geweiht war und schon im 15. Jahrhundert erwähnt worden ist. Später wurde sie als Marienkirche erweitert und erhielt ihre jetzige Form in der Barockzeit. Verehrt wird eine Statue der heiligen Maria.

Dass man für Maiersdorf keine eigene Kirche gebaut hat, sondern die außerhalb des Ortes liegende Kirche auf dem Hügel als Pfarrkirche genommen hat, zeigt die besondere Verehrung, die dieser Platz schon von alters her gehabt hat. Die Wallfahrt wurde in der letzten Zeit neu belebt durch die sogenannte Dreizehnerwallfahrt, d.h. an jedem 13. des Monats, dem Erscheinungstag der Muttergottes in Fatima, wird hier eine feierliche Messe gehalten, zu der meist der Bischof oder ein Abt eingeladen wird. Der Zuzug der Pilger erstreckt sich nicht nur auf die Umgebung, sondern hat eine Ausstrahlung bis nach Wien und an die südliche Landesgrenze. Neben der Kirche liegt der Friedhof.

Wenn man von der Straße von Norden her auf den Kirchsteig den Hügel hinaufgeht, fühlt man fast körperlich die Annäherung an den heiligen Platz. Man wird ein wenig an den ähnlich gelegenen Danielsberg in Kärnten erinnert, der ebenso als Kegelberg mitten im breiten Tal liegt und den Heiligen Berg bei Gaflenz in Steiermark. Außerhalb der Gottesdienste ist die Kirche leider zugesperrt, aber der Aufenthalt oben macht einen starken Eindruck.

Auf der Maumauwiese bei Gutenstein gibt es einen Bildstock mit einem Heilbrunnen mit dem »Sebastianiwasser«.

In Waldegg bei Wiener Neustadt steht auf einem Felsen der Kirchenstein. Man kann dort Reste einer älteren Burg sehen.

In Katzelsdorf bei Wiener Neustadt wurde anlässlich des Baues der Schnellstraße einer der drei Grabhügel aus der Römerzeit angeschnitten. Einer liegt auf der burgenländischen und zwei liegen auf der niederösterreichischen Seite im Norden des Scheibenberges, an der Straße, die von Neudorf nach Katzelsdorf führt. Die Gräber wurden untersucht und als römerzeitlich festgestellt.

Der Steinkreis in Zöbern beim Waldbauern bildet zusammen mit der Steinkammer, die gleich daneben im Walde gefunden worden ist, eine Einheit. Bei uns sind weder Steinkreise, noch Steinkammern häufig zu finden im Gegensatz zu den zahlreichen in England und Frankreich. Der Platz liegt an einer alten Fernstraße, die von der Riegersburg nach Norden führte.

Der Burgfels, genannt Drachenstein auf der Hohen Wand, weist mit seinem Namen auf einen Stein hin. Die Sage von einem Schatz, der in der Burg vergraben ist und im Frühjahr bei der Schneeschmelze sichtbar wird, weist auch darauf hin, dass es sich um einen mystischen Platz handelt.

Kultplatz

Ein Kultplatz ist ein besonderer Ort, der durch die Tradition, durch Besuch, Gebet, Opfer, Andacht gekennzeichnet ist. Wer sich dort hinbegibt, der fragt nicht erst, warum dieser Platz so ist, sondern er geht aus einem Bedürfnis heraus, zu welchem Anlass immer. Am einfachsten ist es bei den großen Wallfahrtsorten wie Rom, Lourdes, Santiago oder Jerusalem, weil dorthin ein Kultstrom durch Jahrhunderte, ja Jahrtausende gezogen ist und immer noch zieht.

Wenn wir uns fragen, ob der Kultplatz als solcher anziehend und mächtig ist, dann begeben wir uns auf die Stufe der Reflexion, die nichts mehr zu tun hat mit dem selbstverständlichen Tun aller, die dorthin gehen. Man hat in allen alten Religionen und Kulturen das getan, was alle getan haben. Kontinuität ist das sicherste Zeichen. Ob ein Kultplatz plötzlich entsteht oder ob er zu einer bestimmten Zeit erst als numinos empfunden wird und seine Anziehungskraft entwickelt, wollen wir nicht erörtern.

Der Pilger braucht sich nicht vor dem Ungläubigen oder Kritiker zu rechtfertigen. Die Motivation braucht nicht gesucht und hinterfragt werden. Das Dümmste dabei ist zu sagen, man tut das aus einem rationalen Grunde. Selbst der kritischste und nur materialistisch eingestellte Mensch tut mehr aus dem Bauch heraus, als aus dem Kopf. Was einen Platz zu einem Kultplatz macht, ist keine Frage. Man geht hin, weil man sich dort wohlfühlt, weil man daran glaubt, das genügt.

Theoretisch und theologisch ist das schwieriger. Der Protestantismus lehnt Kultplätze und heilige Plätze ab. Er sagt, die ganze Welt ist von Natur aus sündig, aber durch Christi Blut erlöst und geheiligt, und wir brauchen keine Wallfahrten. Was die Protestanten vor allem zur Zeit der Reformation zu dieser kritischen Stellungnahme bewogen hat, ist eine gewisse Übertreibung, die damals zweifellos statt-

linke Seite: Mariahilfenberg, Gutenstein

gefunden hat und nicht gefragt hat, was das Evangelium dazu sagt, obwohl auch die Stellung Jesu zu den heiligen Stätten zweideutig ist. Er hat Jerusalem geliebt und ist zu den Feiertagen mit seinen Jüngern hingezogen und hat die Zeremonien mitgemacht. Er hat das jüdische Paschafest in das christliche Osterfest gewandelt und zu seinem ewigen Gedächtnis die Eucharistie eingesetzt.

Wenn ein Evangelischer nach Jerusalem fährt, so kann er es nicht tun, ohne an Jesus zu denken und zu versuchen, ihm näherzukommen. Das ist auch eine Wallfahrt. Man kann die berühmten russischen Pilger nicht verurteilen, weil sie von einer heiligen Stätte zur anderen gezogen sind und die Kultbilder geliebt und verehrt haben. Bei ihnen wird die mystische Gegenwart Jesu oder der Heiligen in den Ikonen viel stärker empfunden und gelebt als die Heiligenbilder und Statuen an unseren Wallfahrtsplätzen.

Man kann nicht sagen, ob der Besuch heiliger Plätze das Zentrale einer Religion oder des Christentums ist. Die Pilgerfahrt nach Mekka ist für die Moslems viel wichtiger, als für uns irgendeine Wallfahrt. Wenn wir uns in diesem und anderen Büchern mehr mit kleineren und lokalen Kultplätzen beschäftigen, so hat das den Sinn, dass wir neue Anregungen bekommen, Plätze aufzusuchen, an denen wir uns wohlfühlen und an denen wir Kraft empfangen.

Was im allgemeinen Gebrauch als Kraft bezeichnet wird, ist religiös ausgedrückt Gnade. Darum sprechen wir auch von Gnadenorten. Das Ziel einer Wallfahrt ist immer eine Gnadenstätte. Das Zentrum der Gnadenstätte oder des Kultplatzes ist punktförmig oder betrifft einen größeren Raum. Es gibt Kulträume, die einen größeren Umfang haben, man denke an ganze Berge, die heilig sind.

Die Tibetaner umkreisen ihren heiligen Berg unten und besuchen nicht den Gipfel. Für uns ist der Kultplatz in Mariazell nicht punktförmig: Es ist nicht nur der Gnadenaltar mit dem alten Baumstrunk, auf den die Statue ursprünglich gestellt worden ist und der noch immer vom Altar überdeckt, seinen alten Platz hat, es ist nicht die heilige Quelle, es ist nicht der Ursprungsfelsen, es ist das ganze Umfeld, vom Ötscher angefangen bis zu den Staritzen, den Mönchsbergen, der Sauwand, die an das Schweineopfer erinnert und die Urlauberkreuze und ähnliches.

Das ganze Umfeld, die Atmosphäre ändert sich, wenn man sich dem Wallfahrtsort nähert. Es steigert sich, je näher man dem Platz selber kommt, was sich auch an den Pilgerriten zeigt. Bei nichtchristlichen Kultplätzen in Asien und Afrika ist es ähnlich. Ist der Kultplatz nur wahrnehmbar und wirksam für den Gläubigen, für den Pilger, oder wirkt er auch in sich auf Menschen, die nicht dran glauben? Ich möchte sagen: ja. In Mariazell atmet man anders, fühlt

sich anders und ist wahr-
wenn man es nicht direkt
Botho Strauß sagt, wir
von Kritikern und Spöt-
le Leute zu, die zu einem
einem Grunde kommen.
ste und Gescheiteste
gem Spott über den
und den Erinnerungs-
bleiben, sondern müsste
Andacht und dem Glau-
Die Strenge der Mos-
mer hüten und Fremde
sen, hat einen guten Sinn.
zum Heiligtum hinlaufen
und Ehrfurcht, zeigt fast
Kult kann im engeren

scheinlich anders, auch
zur Kenntnis nimmt.
sind eine Gesellschaft
tern. Das trifft für vie-
Heiligtum aus irgend
Auch der Aufgeklärte-
dürfte nicht bei billi-
Kitsch der Standeln
devotionalien hängen-
Respekt haben vor der
ben der anderen.
lems, die ihre Heiligtü-
nur kontrolliert einlas-
Dass bei uns jeder bis
kann ohne Rücksicht
zu große Toleranz.
und im weiteren Sinn

Idol vom Schanzboden, in Falkenstein Original

gefasst werden. Im engeren Sinne ist es etwa ein päpstliches Hoch-amt, wo eine Million Menschen auf einem Platz zusammenkommt und mit größter Feierlichkeit mit dem Papst eine Messe feiert. Kult aber ist bereits, wenn du einen anderen nicht mit »Hallo«, sondern mit »Grüß Gott« begrüßt, Kult ist, wenn du in die Kirche gehst und den Hut abnimmst, Kult ist bereits, wenn du dich in die Bank setzt und still verweilst. Es ist aber kein Kult, wenn du keine entsprechen-de Haltung der Achtung und Ehrfurcht annimmst. Der Übergang ist sehr schwer. Kult treiben ist, wenn du zum Beispiel betest.

Kult kann und soll in Gemeinschaft geübt werden, sonst verküm-mert er. Kult braucht Tradition, er braucht bestimmte Formeln, eine innere Einstellung und ein äußeres Verhalten. Eine Kirche zu betre-ten, weil sie im touristischen Programm vorgesehen ist und im Füh-rer empfohlen wird, ist kein Kult. Aber wenn du trotzdem hinein-gehst, dich still in die Bank setzt und alles auf dich wirken lässt, dann ist das bereits der Anfang von Kult.

Die Betrachtung von Kunstwerken, auch von religiösen Kunst-werken in Museen und auf Straßen, hat selten eine kultische Wir-kung. Touristen besuchen die Kathedralen oft nur, um sagen zu kön-nen, dass sie sie auch innen gesehen haben. Das ist kein Kult. Wenn aber einer beim Betreten der Kirche ein Kreuz macht, so ist das ein Ansatz von Kult. Ich habe schon Leute gesehen, die mit brennender Zigarette eine Kirche betreten haben. Das ist pietätlos und Mangel an guter Kinderstube. Früher war alles von Religion erfüllt und bei manchen Völkern ist es noch immer so. Heute leben wir in einer säkularisierten Welt, selbst gewohnheitsmäßige Kirchgänger haben die richtige Haltung verloren. Das Heilige sagt ihnen nichts, es lässt sie kalt. Die äußere Welt genügt ihnen.

Dieselben Leute aber können Neugierde für das Wunderbare, das Außerordentliche haben und wenn sie entsprechende Umwelt ha-

vorige Seite: »Winschloch«, Baden, Kurpark

ben, dann gelingt ihnen auch der Einstieg, aber meist in einer extremen Form. An spiritistischen Experimenten teilzuhaben, muss mit Kult überhaupt nichts zu tun haben, es ist nur Spielerei und Hokuspokus.

An Kultplätzen geschieht einiges, was wir über Kult gesagt haben. Wenn einer eine Kerze anzündet und einen Kranz und Blumen auf das Grab seiner Mutter legt, so kann es in entsprechender Stimmung des Herzens auch Kult sein, aber es kann leere Verpflichtung und Brauch sein. Wenn einer aus Verpflichtung an einem Begräbnis eines Bekannten teilnimmt, so kann es, muss es nicht Kult sein. Es kommt auf seine innere Stimmung und seine äußere Haltung an. Wenn einer nur aus Verpflichtung teilnimmt, während der Zeremonien innerlich unberührt bleibt, vielleicht noch kritisch die Trauerreden beurteilt und bemängelt, für den ist das Begräbnis kein Kult. Wenn einer aber innerlich berührt ist und liebend an den Verstorbenen denkt und womöglich für ihn betet oder innerlich hört und mitvollzieht, nimmt er am Kult teil.

Wer kultisches Verhalten der anderen beobachtet und kritisiert, wer an Kursen von Esoterikern teilnimmt, nur um sich selbst zu finden, betreibt noch keinen Kult, wohl aber kann man durch kultisches Verhalten auch zu einer kultischen Gesinnung kommen. Dann ist es echt. Wenn du den Versuch machst, die Hände zu falten, wie du es vielleicht als Kind gelernt hast, also die Haltung und Konzentration der Stille einzunehmen, denn näherst du dich bereits dem Kult.

Pferdegott, 1 Jhd. v. Chr.

Ich fragte einmal einen Bischof, der an einem charismatischen Gottesdienst teilnahm, warum er nicht wie die anderen bei bestimmten Gebeten und Liedern die Hände erhoben habe, da gestand er mir, dass es ihm schwer, ja unmöglich sei, diese Geste zu tun. Nach einiger Zeit allerdings, als er öfter mehr oder weniger gezwungen an solchen Veranstaltungen teilnahm, hob er langsam immer höher die Hände und seine religiöse Einstellung wandelte sich. Aber so geht es jedem, dem das neu und unbekannt ist, der den Eintritt in diese Sphäre schafft. Der Mensch hat Leib und Seele. Beide hängen innig zusammen. Der Körper drückt normalerweise das aus, was in der Seele vor sich geht. Das tritt besonders beim Kult zutage.

Bezirk Bruck a.d. Leitha

In Mannersdorf am Leithagebirge ist auf dem Schlossberg eine bewaldete Wallanlage, die nach den Funden aus der Urnenfelderzeit stammt, aber auch in der Hallstattzeit benutzt wurde. Die Steingeräte lassen eine Siedlung mit Kultplatz aus der Jungsteinzeit erkennen. Ähnliche Anlagen sind in Donnerskirchen, Purbach und Eisenstadt. Das interessante Museum in Mannersdorf mit vielen keltischen und bronzezeitlichen Kultstücken, dem Menhir an der Außenwand und dem nördlich gelegenen Rutschstein zwischen Straße und Wald und die Wüste zieht viele Menschen an.

Der steile Schlossberg und die Burg Scharfeneck bilden ein zusammenhängendes Siedlungsgebiet.

Das Steinerne Grab aus verzierten Platten im Museum in Mannersdorf wurde an der Grenze zur Gemeinde Sommerein gefunden und ist bedeutsam mit seiner kreisförmigen Verzierung aus der Urnenfelderzeit.

In Bruck an der Leitha steht die hölzerne Spittelwaldkapelle. Als man den Kultgegenstand der Schmerzhaften Muttergottes in die Spitalkirche nach Bruck brachte und eine Steinkapelle dafür baute, kehrte der Kultgegenstand wieder an seinen Platz zurück. Die nahe Wallfahrtsstätte Frauenkirchen in Burgenland fasste dieses Heiligtum als Konkurrenz auf und veranlasste den Abbruch. Doch abermals wurde an derselben Stelle eine Kapelle erbaut. Als sie abgebrochen wurde, lag nach der Überlieferung das Opfergeld frei auf dem Platz. Eine Prozession kam von da an jedes Jahr aus Wien.

Bei St. Margarethen am Moos steht vor dem Bahnhof eine Kapelle auf einem Hügel, der als Leberfeld bezeichnet wird. Leber deutet immer auf einen Tumulus hin. Das umliegende Gräberfeld wurde ausgegraben und es wurden Grabbeigaben, Schmuckstücke und ein römischer Grabstein gefunden, der jetzt an der Kirchenmauer zu sehen ist.

Der Leberberg in Göttlesbrunn ist ein großer Grabhügel. Wo jetzt die Kapelle steht, war einmal ein römisches Grabmal.

Bruck a.d. Leitha hat einen Kirchenhügel, der in der Urnenfelderzeit bereits besiedelt war, aber ohne Hinweis auf Kultplatz.

Der Schrattenbach und der Schrattenstein mit der neolithischen Ausgrabung und der späteren Burgruine weisen auf einen besonderen Stein hin, der wahrscheinlich kultischen Charakter hatte.

In Trautmannsdorf an der Leitha liegt zwischen Trautendorf und Götzendorf der Königsberg mit Gräben. Schichten von Holzkohlenresten wurden gefunden. Königsberge sind immer auch, wie wir von Tieschen oder Noreia wissen, kultische Plätze.

In Sommerein bei Bruck an der Leitha ist auf der Nordseite des Kollmberges die Kollmlucke. Im Felsen befindet sich die kleine Höhle, die als Kultplatz aus der römischen Kaiserzeit erkannt worden ist. Auf dem Platz ist eine Altarplatte zu erkennen, es wurde ein Relief des Herkules gefunden. Manchmal wurde an diesen Plätzen auch der Gott Silvanus verehrt.

Das Opfer

Das Opfer ist nicht eine Erfindung oder ein Verlangen Gottes, sondern ein Bedürfnis des Menschen. Gott braucht keine Opfer, er will die Hingabe des Menschen: Glaube, Hoffnung und Liebe. Menschen aber waren schon vor Christus gewohnt zu opfern. Nach der Bibel opferten bereits die ersten Menschen, bekannt sind die Opfer von Kain und Abel. Hier floss Menschen- und Tierblut. Gott wurde vielfach auch in der Bibel wie ein König und Herrscher gesehen, dem man Geschenke darbringt, um ihn gnädig zu stimmen und von ihm Gnade, das heißt Wohltaten zu empfangen.

Es ist katholische Lehre, dass die Herrlichkeit Gottes durch Verehrung, Gebet und Opfer der Menschen nicht vermehrt werden kann. Gott lebt in seiner Welt der Vollkommenheit und braucht nicht das Opfer, das Gebet und die Gaben der Menschen. Wenn wir uns vorstellen, daß Gott von uns Hingabe verlangt, so ist das eine menschliche Vorstellung. Gott ist größer, er ist anders. Das reine Bittopfer ist allzu menschlich. Das Dankopfer steht schon wesentlich höher. Der Lobpreis ist das Höchste, besonders wenn es an keine Bedingung geknüpft ist und keinen Lohn dafür erwartet. Das jüdische Totengebet ist keine Klage, auch keine Anklage Gottes, sondern ein Lobpreis. Juden gingen damit in den Tod.

Das Heilige ist nicht nur im religiösen Bereich ein wichtiger Begriff. Man versteht unter Heiligkeit das moralisch Gute, aber das ist nicht alles. Heilig kann ein Ort sein, heilig kann eine Erscheinung sein, heilig ist der Gegensatz zum Irdischen, zum Weltlichen, zum Profanen. Heiligkeit ist eine Qualität, die verschiedene Formen haben kann. Es gibt eine heilige Zeit, einen heiligen Ort, ein heiliges Tun usw. Der Begriff des moralisch Vollkommenen kommt erst später, ist eine Folge, eine Äußerung, aber nicht das Ursprüngliche. Man kann das Wort heilig auch mit Numen oder Numinoses bezeichnen, das ist noch nicht das Göttliche, sondern das nicht Hiesige, das noch nicht Jenseitige, sondern das Viele, das zwischen dem Diesseitigen und Jenseitigen liegt. Im negativen Sinn kann selbst das Böse als zu diesem Bereich gehörend, gesehen und empfunden werden. Heilig ist groß, heilig ist fern und nahe zugleich. Das Heilige zieht uns an und hält uns aber auch auf Abstand. Es ist schön und schrecklich zugleich. Religion und Glaube beschäftigt sich mit dem Heiligen. An seinem Rand siedelt oder wohnt auch das Böse oder der Böse.

Burgenland
Bezirk Neusiedl am See

In Deutsch-Jahrnsdorf steht eine Kapelle „Zum verlorenen Schaf» in Zeiselhof. Es ist ein Christus auf der Wies. Sie wurde zur Abwendung von Geisterspuk aufgestellt.

Die Annakapelle bei Gattendorf steht auf einem Hügel unter Bäumen. Man nimmt an, daß es ein alter Thingplatz war. Es wurde St. Annaselbdritt verehrt.

Heiligenbrunn hat eine alte Ulrichskapelle mit einer Heilwasserquelle.

Bezirk Oberwart

Die Bildeiche in Oberndorf ist 200 Jahre alt.

Das Kultbild der heiligen Maria ist schon in den Baum eingewachsen.

nächste Seite: Rosalienkapelle, nördl. von Oggau, Burgenland

Bezirk Oberpullendorf

In Oberpetersdorf liegt das heilige Bründl auf einem Hügel, wo einmal ein verwunschenes Schloss gestanden sein soll und wo man in den Rauhnächten geheimnisvolle Reiter gesehen haben will. Es ist eine heilsame Quelle.

Schwarzenbach liegt nahe der burgenländischen Grenze, am Abfall des Gebirges in die Ebene. Der Platz war als Burg bekannt und wurde zuerst als frühgeschichtliche Befestigung, dann als keltische Siedlung angesehen. Der große Wall ist aber viel älter, wie bei den Grabungen herausgefunden wurde. Man fand Steinbeile und Tonscherben aus der Jungsteinzeit, sie sind mindestens 5000 bis 6000 Jahre alt. Im lockeren Laubwald steht man vor einem hohen Wall mit einem breiten Stichgraben. Schwarzenbach war ein Zentralort im Königreich Norikum. Der Wall aus der Bronzezeit wurde von den Kelten verstärkt und ausgebaut und diente meiner Meinung nach Kultzwecken. Die Strahlung verläuft am Rande des Walles wie in Stillfried oder Gaiselberg. Den markierten Weg um die ganze Anlage sollte man ausgehen, er ist etwa zwei Kilometer lang.

Die Archäologen

Die Archäologen haben Schwierigkeiten mit dem Alter der Bodendenkmale und deren Zweck.

Früher hat man sich damit wenig beschäftigt und hat runde, aber auch viereckige Wälle, im Volksmund oft Türkenschanzen genannt, als Viehpferche oder zur Abwehr wilder Tiere erklärt. Zuerst vermutete man bei Wallanlagen, daß sie frühgeschichtlichen Ursprungs sind, also um 1000 n. Chr. Der Ausgräber der Viereckwallanlage in Holzhausen bei München hat sie als erster als Kultplatz festgestellt.

Die inneren Palisaden, die zur Abwehr von Feinden angesehen wurden, gelten als Abgrenzung des Heiligtums vor dem Volk. Im Inneren war meist ein Platz für Geräte, die man zur Feier und zum Kult brauchte und ein 1 bis 35 Meter tiefer Kultgraben, in dem ein riesiger Maibaum stand und in dem zerbrochene Knochen, zerbrochene Keramik und Reste von Opferfeiern waren. Man darf nicht erschrecken, dass auch zerbrochene Menschenknochen gefunden wurden, die nicht auf Kannibalismus, sondern auf frühe Menschenopfer hinweisen.

Der älteste griechische Tempelplatz in Dodona sah ebenso aus, sie reichen in vorgeschichtliche Zeit zurück.

Menschenknochen hat man auch beim Schalenstein am Berglitzl bei Mauthausen in Oberösterreich gefunden. Das Alter wird von den Wissenschaftlern mit 7000 Jahren angegeben.

Es fanden große Kultfeiern mit Opfern statt. Später, fügte Dr. Talaa hinzu, war die Zusammenkunft so vieler Menschen auch Gelegenheit, Handel zu treiben. Manche sprechen davon, dass dort auch Gericht gehalten worden sein kann. Der innerste Kreis war wahrscheinlich das Heiligtum, das Zentrum des Kultes. Er ist so klein, daß er zur Verteidigung nicht zu gebrauchen war.

Ein alter Archäologe sagte einmal vorsichtig, dass zwischen den alten Wallanlagen, Hausbergen, festen Häusern und Burgen nicht nur ein äußerer, sondern auch ein innerer Zusammenhang besteht. Ein Beispiel dafür ist die Wallanlage von Stillfried an der March. Nur an einer Stelle ist der Wall besonders hoch. Das ist dort, wo sich der Durchstich befindet, neben der jetzigen Kirche. Der ganze Wall ist riesig groß, und wenn er zur Verteidigung gedient hätte, so wäre er auf der anderen Seite leicht zu erobern gewesen. Ähnlich ist es bei Schwarzenbach in der Buckligen Welt in der sogenannten Burg. An einer Stelle, die angegraben wurde, ist der Wall sehr hoch. Die weite-

nächste Seite: Berglitzl bei Mauthausen, OÖ

77

re Kreisanlage hat einen sehr langenVerlauf, bis sich der Kreis schließt. Was auch darauf hinweist, dass auf diesen Wallanlagen ein heiliger Platz war, wo die Feiern stattfanden. Nicht der Feind, sondern das Volk wurde abgehalten, dem Heiligtum allzu nahe zu kommen. Das Fanum, also das Heilige, galt es vom Profanum, vom Profanen abzugrenzen. DasVolk zog um den heiligen Platz ehrfürchtig herum, wurde gestärkt, nur der Priester war bei der Opferfeier dem Heiligtum näher.

Das Innerste desTempels in Jerusalem durfte selbst der Hohepriester nur einmal im Jahr betreten.Wir erinnern hier wiederum an die wahrscheinlich letzten erhaltenen Reste, die von diesen Feiern übrig geblieben sind, das ist das Kirchweihfest.

Wien und Umgebung

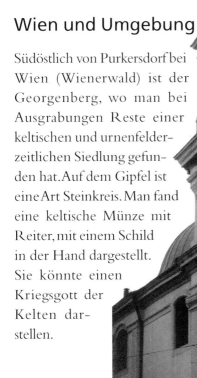

Südöstlich von Purkersdorf bei Wien (Wienerwald) ist der Georgenberg, wo man bei Ausgrabungen Reste einer keltischen und urnenfelderzeitlichen Siedlung gefunden hat. Auf dem Gipfel ist eineArt Steinkreis. Man fand eine keltische Münze mit Reiter, mit einem Schild in der Hand dargestellt. Sie könnte einen Kriegsgott der Kelten darstellen.

Kirche, Leopoldsberg

Der Ausgräber glaubt, dass auf dem Berggipfel ein keltisches Heiligtum war.

Der heilige Georg ist oft christliche Umdeutung eines vorchristlichen Gottes.

Vom Leopoldsberg wissen wir, dass der Berg schon lange besiedelt war, das beweisen Funde aus der Jungsteinzeit. Aus der Urnenfelderzeit stammt ein Bronzeschwert; in dieser Zeit gab es oben auch eine Grabstätte. Aus der Hallstattzeit fand man Mondidole, die für diese Zeit als Kultfiguren wichtig waren. Ein keltisches Oppidum dürfte schon in der Hallstattzeit im Gipfelbereich gewesen sein. Das Oppidum entsprach etwa dem am Braunsberg in Deutsch-Altenburg oder dem Göttweiger Berg. Mitte des ersten Jahrhunderts dürfte die keltische Festung den Römern in die Hände gefallen sein. In dieser Zeit dürfte der Berg nicht besiedelt gewesen sein. Berühmt wurde der Leopoldsberg 1683 bei der Belagerung von Wien, weil sich damals das Entsatzheer hier zum Angriff versammelt hat.

Was heute Leopoldsberg heißt, wurde zeitweise mit dem Kahlenberg verwechselt.

Bründl am Leopoldsberg

Unterlaa

In Laa ist am östlichen Rande des Dorfes ein Rotes Kreuz.

Gegenüber der Johanneskirche in Unterlaa wurden Reste eines römischen Gutshofes ausgegraben mit einem Thron, der als Heiligtum gedient haben dürfte und eine warme Quelle.

Der sogenannte Gemeindeberg in Ober St.Veit war schon in der Jungsteinzeit besiedelt, später war es ein Hausberg. Es dürfte ein Kultplatz gewesen sein.

Bei Tullnerbach ist in der Wilden Leiten am Hang des Troppberges ein Grabhügel aus der Römerzeit. Nordöstlich davon steht ein Weißes Kreuz bei einem Sperrwall aus der Kupferzeit.

Die Jakobskirche in Heiligenstadt stammt aus der vorchristlichen Zeit und hat alte römische Mauern, einen Grabschacht und ein Taufbecken.

Einige Bemerkungen zum alten Wien.

Im 5. bis 9. Jahrhundert n.Chr. entstanden größere Siedlungen im Raum des heutigen Wien, so in Unterlaa, Kaiser Ebersdorf, Meidling, Atzgersdorf und Leopoldau. Eine befestigte Höhensiedlung war auf dem Leopoldsberg. Diese Siedlung könnte das Zentrum gewesen sein. Schöne Tieridole fand man auf der Landstraßer Hauptstrasse und beim Rudolfspital. Die Lebergasse im 11. Bezirk erinnert an alte Grabhügel. Ein schönes keltisches Schmuckstück mit zwei Tierköpfen fand man in Leopoldau. Am Rennweg fand man Teile von Venus- und Götterfiguren. Ein Heiligtum des Mithras vermutet man im Botanischen Garten in der Sieveringerstraße. Heiligtümer des Herkules waren im 17. Bezirk, den Nymphen geweiht, stand ein Altar im Theresienbad im Wienfluß. Man fand eine schöne Venus und eine Merkurstatue.

Wo sind die Grenzen des Landes um Wien?

Oft werde ich gefragt, welche Plätze in der Nähe, in unserem Land und auf der Welt überhaupt man aufsuchen soll und welche auf mich den größten Eindruck gemacht haben.

Ich will darauf eine kurze Antwort geben, denn viele reisen heute in der ganzen Welt herum und sind für Hinweise dankbar.

Die Welt ist natürlich groß und es ist verlockend, die großen Kultplätze der Welt einmal zu besuchen, zumal es heute politisch und technisch möglich und verhältnismäßig billig ist.

Der am häufigsten besuchte Kultplatz liegt in Mexiko. Jährlich kommen nach Quadalupe in Mexiko 14 Millionen Pilger. Zu Pater Pio in San Giovanni in Italien pilgern mehr als 7 Millionen, dann kommt das brasilianische Aparecida mit fast ebenso vielen. Millionen von Menschen kommen zum Montmatre in Paris, nach Lourdes, Fatima und Padua. Über 4 Millionen Pilger hat Santiago in Spanien, Assisi und Loreto, nach Jerusalem kommen zwei Millionen.

Bei den älteren Kultplätzen in Europa sind als gewaltigster Platz die Externsteine bei Lippe an der Weser zu nennen. Dafür muss man sich Zeit nehmen. Früher war Tag und Nacht geöffnet, heute ist es schwerer, sie zu begehen. Beim Odilienberg im Elsaß ist es freier und weniger Rummel.

Die großen alten Kathedralen Speyer, Worms, Aachen und Trier sind wichtig; zu Köln habe ich ein gespaltenes Verhältnis. Hier ist zu viel zerstört worden, ich sah den Dom vor und nach dem Krieg. Ich besuchte Danzig und Königsberg, Krakau mit Tschenstochau und Auschwitz; »Siebenbürgen grenzt an Gott«, um Rilke zu zitieren. Starke Plätze sind der Kreml mit der Wladimirskaja und die riesigen Ikonen von Rublew, die hölzernen Karpatenkirchen und die Moldauklöster. »Das Wunder Italien«, wieder nach Rilke, Rom mit Vorsicht, die Krypta in St. Peter, San Clemente mit der Mythrasgrotte, der Platz mit dem schwarzen Stein unter dem Gitter auf dem Forum Romanum, das Pantheon, dann flüchte nach Assisi, nach Florenz unter die Kuppel und zum Baptisterium, Lucca, Rosalia in Sizilien, der römische Tempel in der Nähe.

Keine Museen, weder in Florenz noch im Vatikan. Das ist eine andere Welt, die nur verwirrt. Ich spreche zu dem, der Plätze sucht und nicht alles sehen will oder muss. Keine Kunst- oder Studienreise mit Führung. Weniger ist mehr. Vom Schatzhaus Spanien einiges, etwa Burgos, der Escorial, Granada, in Portugal unbedingt Fatima mit dem Baum und die dörfliche Umgebung. Ich weiß nicht, ob sich die vielen kleinen Windmühlen noch drehen.

In Frankreich die romanischen Dorfkirchen, die große Mauer in der damals größten Kirche der Welt, Cluny, wo die Kirche noch einmal erwachte, ehe sie in Frankreich, der ältesten Tochter der Kirche starb und nur im nahen Taizé Ansätze für eine mögliche Wiedergeburt zeigt. Alle großen Kathedralen Frankreichs sind gewaltig, aber leer. Ich habe alle besucht. Chartres, Reims, Rouen, Clermont-Ferrand, die große Karthause, Saint Michel, Lisieux, Laon; zu Straßburg habe ich ein gestörtes Verhältnis wie zu Speyer. Man hat ihnen die Patina abgekratzt.

Die alten Plätze in der Normandie, die zahllosen Menhire gehören zu den großartigen Kultplätzen. Englands große religiöse Vergangenheit ist jetzt geistliche Wüste. Die riesigen Kathedralen sind nur mehr Museen. Du kannst in ihnen nur sitzen und trauern, weil niemand kommt, um zu beten. Mit größerem Schauer geht oder fährt man an der Bank von England vorbei. Nur bei der Krönung ist die Kathedrale von London voll, ich erlebte einen Sonntagsgottesdienst, wo mehr Klerus und Aufwand war, als Volk.

In Stonehenge muß man gewesen sein trotz der Schranken, trotz des Andrangs der Touristen. Suche den Abend, die Nacht und den

nächste Seite: Agnesbründl am Hermannskogel, Wienerwald

Morgen, geh allein herum. Der Spurstein ist noch zugänglich, dort treffen sich Himmel und Erde.

Ich bin durch Irland mit einem Pferdewagen gefahren und das Pferd war schwierig und eigenwillig, aber es hat mich nicht gebissen wie das meines Großvaters, das ich beim Ackern am Halfter führte.

Die schaurigen Klosterruinen stehen wie Klagemauern da. Das riesige Grab in New Grange und Tara. In Indonesien die endlosen Reihen der steinernen Buddhas oder der das ganze Heiligtum erfüllende goldene. Der Mensch im Gebet, der Schweigende vor den Schweigenden. Die schlichten Schreine in Japan, Kyoto mit den Toren des Überganges, den drei Affen, den geschmückten Kindern, die mit den Eltern zur Weihe kommen.

Ein Sprung über das Wasser, ganz Nordamerika ist zu vergessen. Die USA hat andere Götter, aber Gott lebt dort noch. In Mexiko, bei den Indios ist Gott nahe.

Yukatan, die alten Tempel und Pyramiden der Mayas im Urwald, die Feste und Wallfahrten der Indios in Dorfkirchen. Das zwiespältige Brasilien, wo der übergroße Christus seine Arme über Stadt, Land und Meer ausbreitet und das arme Volk afrikanischen und christlichen Kult in rührender Weise lebt.

Das letzte große Weltwunder, die Pyramide, mußt du besuchen und Abu Simbel, dann und vor allem den Sinai, Israel von Dan bis Beerscheba, intensiv, mehrmals, ohne Reiseführer. Auf den Spuren Jesu mußt du gehen in Galiläa durch das Tal der Tauben, außerdem Garizim, Schilo, Bet-El, in Jerusalem Grab, Klagemauer, den Tempelplatz, die Wüste Juda. Weiter oben im Libanon vor allem Baalbek.

Gott lebt noch dort und da, in Herzen, in Kirchen und Gemeinden. Du brauchst Menschen, die dir beistehen auf dem Weg. Manchmal findet auch der, welcher nicht sucht.

Wenn du meine stärksten und eindrucksvollsten Plätze in unsrem

Lande wissen willst, dann nenne ich den Berglitzl und die nahe Stiege von Mauthausen, die Feenhaube bei Eggenburg, den Heiligen Stein bei Pulkau, Maria Steinbründl bei Maria Taferl, die Königsberge und einen Platz in deiner Nähe, wo du den Schalom, das ist Friede, Heil und Segen findest, du kannst auch sagen Gott oder dich selber.

Bezirk Tulln

In St. Andrä-Wördern ist ein Burgstall, der Kugelberg genannt wird, eine Anlage aus der frühen Bronzezeit, 4000 Jahre alt. Sie liegt auf dem Hohenwartberg und hat einen fünf Meter breiten und vier Meter tiefen Graben. Man fand Relikte aus der Jungsteinzeit und kultische Keramik. Kugelberg ist eine Bezeichnung für den ganzen Wienerwald und ist im Namen Kaumberg noch erhalten. Die Römerstraße führte über St. Andrä-Wördern zum Scheiblingstein, wo noch ein römischer Meilenstein zu sehen ist und Reste eines Mithrasreliefs gefunden wurden. Die Straße führt nach Wien weiter.

Warum sind die Plätze heilig?

Sind die Plätze in sich heilig oder werden sie es durch Verehrung, Kult und Gebrauch der Menschen. Die Antwort darauf lautet: »Beides trifft zu.« Die Menschen hatten früher ein stärkeres Bedürfnis nach heiligen Plätzen als heute. Sie verbinden Menschen und regen sie an zu gemeinsamen Ritualen. Entsprechende Gestaltung mit Musik, Meditation u.a. erhöhen die Feier. Wir brauchen Zeichen mehr als Worte.

Der spontane Kniefall von Willi Brandt in Polen hat mehr erreicht als hundert große Reden.

Heilige Zeichen und Rituale bringen uns dem Heiligen nahe. Der Gottesdienst der Orthodoxen ist endlos und kaum zu verstehen, aber der dunkle Raum, die Riten, die Ikonen, der Weihrauch und Gesang sprechen uns an. Selbst Ungläubige werden davon berührt.

Die Gefahr der Versachlichung, der Rationalisierung, der Deutung des Heiligen hat schon Moses erkannt und als erstes Gebot erklärt: »Es ist ein Gott, und du sollst dir von ihm kein Bild machen.« Der Name Gottes wurde nicht ausgesprochen, nur umschrieben, das heißt, Gott wohnt im Dunkel, im Geheimnis. Wenn es kein Bild von ihm gibt, darf man sich Begriffe machen, einen Namen geben? Wir nähern uns ihm nur vorsichtig und ehrfürchtig an.

Der Heilige Platz

Es stellt sich die Frage, ob nicht im Christentum die heiligen Plätze ihre Bedeutung und ihren Sinn verloren haben, weil Jesus eine vergeistigtere Form der Religion gebracht hat. Er sagte: »Es kommt die Zeit, wo man überall anbeten wird im Geist und in der Wahrheit.«

Das ist ein prophetisches Wort, das seine Gültigkeit hat. Das Gebet kann überall verrichtet werden. Eliade, der große Religionsgeschichtler sagt: »Wo gebetet wird, da ist Mittelpunkt, Zentrum, und der Platz wird geheiligt durch das Gebet, zumal es in der Gruppe geschieht.« Aber Jesus ist auch nach Jerusalem gezogen, um mit den Jüngern dort die Feste zu feiern. Der Felsen von Getsemane ist heute noch am alten Platz und hat seine Strahlung, ebenso wie Golgota, der Hügel, wo er gekreuzigt worden ist. Und der Jakobsbrunnen, an dem Jesus mit der Samariterin gesessen ist, existiert heute noch und ist ein heiliger, strahlender Platz. Und wenn Jesus sagte, er

rechte Seite: Schwurstein, Burg Greifenstein

wird lebendiges, das heißt fließendes Wasser schenken, so weist er einerseits auf die Symbolkraft des Wassers hin und wertet das aus einer Quelle fließende Wasser höher, als das in einer Zisterne gesammelte Regenwasser. Lebendiges Wasser ist der Glaube.

Bezirk Gänserndorf

In Groß-Schweinbarth im Schweinbartherwald steht eine Eiche, an der man ein Marienbild angebracht hat. Trotz Widerstand des Pfarrers entwickelte sich eine Prozession dorthin.

In Hohenruppersdorf steht eine Kapelle zu den sieben Rusten auf der Spanbergerstraße. Früher waren es neun Bäume. Der Pfarrer ließ im 17. Jahrhundert das Gnadenbild in die Pfarrkirche bringen, trotzdem gingen die Leute in den Wald zu den Bäumen. Das Beispiel zeigt, wie sehr es auf den Platz und nicht das Kultbild ankommt.

In Ulrichskirchen ist eine Quelle. Ulrich ist der Brunnenpatron.

Eine Bildeiche stand am Waldweg von Wolkersdorf nach Groß-Schweinbarth, an der viele Votivbilder aufgehängt waren. Es sollte vor Blitzschlag schützen.

Bei Wolkersdorf ist eine Bildereiche im Rustenwald an der Hochleiten.

Eine Heilquelle entspringt in der Wallfahrtskirche in Ollersdorf. Sie soll vor 500 Jahren unter lautem Krach in einem Krautacker entsprungen sein.

Der Kirchenberg in Stillfried, der als Hausberg bezeichnet wird, war ursprünglich eine Wallanlage und hat sich als Kultstätte bis heute erhalten. Man fand Grabstätten, in denen die Toten deponiert waren wie in einem Massengrab. Ein zentraler Kultplatz unter dem Westwall erinnert an römische Kultbräuche. In der Nähe des Opferplatzes fand man den Schädel eines Mädchens mit Hiebverletzungen und ausgebrochenem Knochen im Hinterhaupt. In einer anderen Grube fand man einen Menschenschädel mit dem Skelett eines jungen Schweines. Auch Hirschkühe hat man bestattet, wie es in der Urgeschichte oft geschah. Der Hügel der St. Georgskirche dürfte früher der Wohnsitz eines Fürsten gewesen sein. Bei Grabungen fand man entsprechend alte Keramiken. Der ganze Platz strahlt.

Gute und schlechte Plätze

Gibt es gute Plätze und schlechte Plätze? Sind die Teufelssitze schlecht, haben sie eine böse Strahlung auf die Menschen und haben die Herrgottssitze eine gute?

Bei dieser Bezeichnung muss man berücksichtigen, daß diese Namen verhältnismäßig jung sind und meist aus der christlichen Zeit stammen. Ein Sitz im Stein kann eine auf einer Seite offene Schale sein, die schon in vorchristlicher Zeit benutzt worden ist und von den Christen ihren Namen erhalten hat, weil man es als Aberglaube ablehnte. Dasselbe gilt bei den Hexensitzen, alten Meditationsplätzen, die vielfach von Frauen aufgesucht wurden. Es gibt stärkere und schwächere Plätze und die Sensibilität der Menschen ist verschieden. Auf die Dosis kommt es an, sagte Parazelsus von den Heilmitteln. Es gibt Rutengeher, Radiästheten, Pendler, die es auch an guten Plätzen nicht lange aushalten; sie bekommen Kopfweh, Müdigkeit und andere Beschwerden. Andere halten es länger aus. Dass man immer auf den Abstand geachtet hat, haben wir schon gesehen. Das eigentliche Heiligtum war meistens in einem abgegrenzten Raum, entweder im Freien, durch den

frühkeltische Figur

nächste Seite: Königsbrunn am Wagram, Bründlkapelle am Hausberg

Wall und einen Graben geschützt, oder in einer eigenen Cella aufbewahrt, wie auf der Akropolis und im Tempel von Jerusalem. Man machte den Umgang, kam dabei dem Heiligtum sehr nahe, etwa dem Gnadenaltar in der Kirche, berührte es wie in Mekka oder Jerusalem, opferte und begab sich in den für die Pilger vorgesehenen Raum im Kirchenschiff oder im Vorhof des Heiligtums.

Zweifellos gibt es schlechte und gefährliche Plätze. Man hat versucht, sie umzupolen, etwa durch Weihe, Opfer und Gebet. An eine Wegkreuzung, das ist eine Abzweigung, hat man ein abwehrendes und heilbringendes Zeichen gesetzt, bei uns meist ein Kreuz, das Wegkreuz, das der Wanderer beachtete, grüßte, vor dem er betete oder die Mütze zog und sich bekreuzigte. Das hat alles seinen Sinn.

Pendler und Rutengänger empfinden rechtsdrehende Plätze als positiv, linksdrehende als negativ. Beides kann oft nah beisammen liegen.

Die verschiedenen, hier aufgezählten Plätze sind unheimliche, geheimnisvolle Plätze, wo Menschen bedroht, ja getötet werden. Ob diese Orte böse geworden sind durch die Untaten von Menschen, wie etwa einem Mord, oder ob der Mord gerade dort geschah, weil es ein gefährlicher Platz mit einer eigenen Atmosphäre, einer eigenen Strahlung war, das müssen wir offen lassen. Oft mag beides zusammenkommen.

Im Land Niederösterreich stehen nach Schätzungen von Fachleuten etwa 50.000 Marterl, Kreuzstöckel und andere religiöse Kleindenkmäler. Alle muss man als Kultstätten bezeichnen, auch wenn es ein Teufelsturm oder ein Teufelsstein ist. Es ist gemeint, dass wir uns in Acht nehmen, dass wir uns fürchten und dass wir an die Macht des Bösen glauben, um um so mehr das Gute zu erkennen, zu lieben und es zu tun. Die Marterln erzählen von Schicksalen, Glück und Unglück der Menschen, sind Zeichen des Glaubens und der Hoffnung,

vorige Seite: Mitterstockstall, Kirchberg am Wagram

sollen das Böse bannen und den Menschen beschützen an Leib und an Seele. Sie sollen seine Wege begleiten und sie sollen ihn an das Heilige, Ewige, an Gott und die Heiligen erinnern. Sie haben einen großen Wert, gerade in unserer Zeit, wo man es nicht mehr so wichtig nimmt wie die Menschen der Vergangenheit, die noch zu Fuß gegangen oder mit dem Wagen gefahren sind. Mit dem Auto flitzt man an diesen religiösen Gedenkstätten vorbei. Die Autobahn vernichtet sie oder weicht ihnen aus, wenn sie auch noch manchmal Brückenheilige oder andere religiöse Zeichen zeigt.

Es zeigt nicht nur von einem gewissen Wohlstand der Bevölkerung, sondern auch von einer religiösen Scheu oder Resten des Glaubens, dass heute jedes Marterl oder religiöses Flurdenkmal in Ordnung gebracht ist, was einen Riesenaufwand an Arbeit, aber auch an Geld bedeutet. Selbst dem Ungläubigen oder Außenstehenden sind sie ein kulturelles Zeichen und dienen der Bereicherung und Verschönerung der Landschaft. Dass man nicht mehr stehenbleibt und rastet, hängt mit unserer neuen Art der Fortbewegung zusammen. Sie stehen jedoch niemandem im Wege.

Wenige dieser kleinen Kultplätze werden aufgelassen, viele werden bei Straßenverbreiterungen versetzt, aber auch viele werden neu errichtet. Nach dem Kriege hat man häufig Marterl gesetzt aus Dankbarkeit für glückliche Heimkehr oder zur Erinnerung an Gefallene. Über Kriegerdenkmäler möchte ich in diesem Zusammenhang nicht sprechen, denn das ist schwierig. Wir sind froh darüber, dass gerade unser Land so reich geschmückt ist mit religiösen Kleinkunstwerken und der Achtung der alten heiligen Plätze. Man müsste ein eigenes Kapitel über die Kreuze schreiben, zumal die Wegkreuze

Marterl am Wallfahrerweg nach Maria Taferl

und dann die Roten, die Weißen und wenigen andersfärbigen Kreuze. Das letzte Wort über die Roten Kreuze ist nicht gesprochen. Sie haben gewiss einen religiösen, aber auch geomantischen Sinn. Jedes alte Marterl steht an einem geomantischen Punkt, an einem strahlenden Platz. Das Haus, das Land, die Vorbeiziehenden sollten gesegnet und beschützt werden, das Böse sollte gebannt werden. Das ist der Sinn.

Wir sollten den vielen Menschen danken, die sich um die Herstellung und Pflege dieser Plätze bemühen. Der Blumenschmuck ist nicht nur ein ästhetisches Anliegen, das brennende Licht ist bei vielen vorgesehen, wird aber zu wenig geübt. Manche machen es sich leicht und schließen es an die Straßenbeleuchtung an, die automatisch ein- und ausgeschaltet wird. Von solchen Plätzen geht Segen und Mahnung aus für alle, die noch so unachtsam vorübereilen.

Auf den Zusammenhang zwischen Marterl, Kreuz, Bildstock, Kapelle, Baum und Brunnen soll hingewiesen werden. Sie gehören zusammen. Leider sind die Flurumgänge, die Prozessionen zu den Marterln und Kreuzen an den Bitt- und anderen Tagen abgekommen oder durch den Verkehr unmöglich geworden. Auch die Fronleichnamsprozessionen sind auf den inneren Kern eines Dorfes beschränkt, früher waren es Flurumgänge. Das Land und die Äcker sollten gesegnet werden, um den Menschen Speise und Trank zu schenken.

Die Geschichten, die sich um diese Stätten ranken, haben einen großen menschlichen, religiösen, vor allem aber auch einen erzieherischen Sinn. Sie lenken das Gute und bannen das Böse und das wirkt wie ein Sakrament durch sich selbst, auch wenn es der Mensch nicht weiß.

Theologisch und religionspädagogisch entstehen natürlich riesige Probleme. Warum wird Jesus fast immer nur als Leichnam gezeigt, wo es im Vergleich dazu in alter Zeit vielerlei Darstellungen gegeben hat? Warum so wenig Bilder vom Auferstandenen und Guten Hirten? Warum diese enorme Einseitigkeit in der Marienverehrung? Wie weit klaffen da Theorie und Praxis auseinander. Zum Glück wird das übersehen, das Leben ist stärker als alle Theorie.

Das Volk wählt wahrscheinlich die Bilder, die es braucht. Das ganze Leben ist so wie der Rosenkranz, freudenreich, schmerzensreich und glorreich. Die Akzentverteilung mag je nach Lebenszeit und Situation verschieden sein. An den Bildern am Wege finden wir sie wieder.

Warum spielt der Teufel eine so große Rolle im Volksglauben? Warum wird Maria zur Königin, von der Magd des Herrn zur Königin des Himmels und der Erde, von der Gottesmutter zur Himmelsmutter?

Teufel und Engel

Die Frage nach dem Teufel und der Umgang mit ihm ist hochaktuell. Es gibt wieder Teufelskult und Teufelssekten. In Frankreich gibt es angeblich mehr Leute, die an den Teufel glauben, als an Gott. Das ist natürlich eine Übertreibung, aber ich weiß, dass es Teufelssekten und Schwarze Messen gibt, die eine Faszination auf junge Leute haben und zu schrecklichen Ausschreitungen führen.

Ist der Teufel ein Prinzip? Gibt es nur das Böse oder gibt es den Bösen? Sobald man ihn sich zu sehr als Gestalt ausmalt, wird er eine lächerliche Figur, aber als mächtiger Geist lässt er sich denken. Welchen Einfluß er auf Menschen haben kann, haben wir vielfach erlebt.

Man spricht heute wieder von echter Besessenheit. Ob der Vers von Goethe stimmt, dass der Böse die Macht ist, die stets das Böse will und stets das Gute schafft, kann man in Frage stellen. Es ist merk-

nächste Seite: Tumulus mit Ruine Staatz

würdig: So wie der Teufelsglaube im Steigen ist, wächst der Glaube an Engel, nicht nur im Volk, sondern auch in intellektuellen Kreisen.

»Die Engel kehren wieder« ist der Titel eines berühmten Buches, das die Wende anzeigt. Über Wesen und Gestalt der Engel wollen wir hier nicht spekulieren. Vielleicht müssten wir wieder mehr die Gestalt des Engels in Kult und Bild aufzeigen, der uns die rettende Macht Gottes vor Augen führt, der uns aber auch daran erinnert, dass im Menschen beides ist, das Teuflische und das Himmlische, das Engelhafte. Die Engel der Bibel sind nie beflügelt, sondern haben immer Menschengestalt. Wenn es Dämonen gibt, warum sollte es keine Engel geben? Warum soll das Bild des Engels uns nicht zu einem engelhaften Dasein ermuntern und stärken?

Bezirk Mistelbach

In Ebenthal, auch Maria im Eichstock, handelt es sich um einen Kultbaum. Nach einer wunderbaren Gebetserhörung erhöhte sich der Zustrom der Pilger.

In Ehrnsdorf bei Staatz steht im Gemeindewald eine Kapelle, die dem heiligen Johannes von Nepomuk geweiht ist. Nach einer Sage flüchtete ein Jäger vor einem Wildschwein auf eine Eiche und gelobte, wenn er mit der letzten Kugel das Tier treffen würde, dem Heiligen eine Kapelle zu bauen. Was dann auch geschah. In der Kapelle sind viele Wallfahrtsbilder angebracht mit dem Vers: »Heiliger Johannes laß dich ehren, der du im Himmel bist, deine Zunge soll uns lehren, die noch unverwesen ist.« Später wurden dort Maiandachten gehalten.

In Enzersdorf standen einst drei mächtige Eichen mit einem Bründl. Es wurde eine Wallfahrtskirche gebaut, aber es kamen so viele Menschen, dass man im Freien eine Kanzel baute und dort die Beichte abnahm. Zur Aufklärung waren Einsiedler am Platz. Das Wasser wurde für Heilzwecke verwendet.

Auf der Schrickerheide bei Mistelbach ist ein heilsames Bründl, bei dem später eine Holzkapelle gebaut worden ist. Man sagt, es besteht schon seit urdenklichen Zeiten. Jetzt steht dort ein Bildstöckl bei der Quelle mit einer großen Linde. Ein Hirte soll einmal seinen Stab in die Erde gestoßen haben, worauf die Quelle verschwand.

In Falkenstein ist die Mariaeinsiedelkapelle mit einem Gnadenbild. Der Ursprung war ein Kirschbaum, an den Bilder aufgehängt wurden.

Gnadendorf verrät durch seinen Namen schon eine Beziehung zum Kult. Es stand dort einmal eine riesige Eiche, die später durch eine Kapelle ersetzt worden ist.

Eine Bildeiche steht auch in Grafenwald bei Michelberg und Oberrohrbach.

In Maria-Taisch oder Maria-Lacken bei Roseldorf wurde nach einer Legende eine Marienstatue aus dem Bach angeschwemmt und aufgestellt. Man wollte Sie an verschiedenen Stellen aufstellen, aber sie kehrte immer wieder zu einer Holunderstaude zurück, die an einem Teich stand. Man verstand den Wink und baute dort eine Kirche.

In Traunfeld gibt es einen heiligen Berg mit einer Kirche, die schon um 1100 bekannt war und dem heiligen Lambert geweiht war. Hier wurden Hühner geopfert, besonders am Himmelfahrtstag. Es kamen auch Prozessionen hierher.

Friebritz liegt in der Nähe von Loosdorf bei Staatz. Am südlichen Rand des Dorfes ist ein Höhenrücken, an dem man von der Luft aus zwei konzentrische Ringe mit einem Durchmesser von 140 m festgestellt hat. Von den Bauern weiß man, dass beim Pflügen immer wieder Knochen gefunden wurden. Die Fläche, die von der Wallan-

nächste Seite: Thernberg bei Hollabrunn

lage bedeckt ist, beträgt 17 ha. Einiges davon wurde bereits systematisch untersucht. Die Wallanlage ist nach Osten ausgerichtet und weist Erdbrücken oder Eingänge in die vier Himmelsrichtungen auf.

Zeitlich gehört die Anlage der sogenannten Lengyell-Kultur an, die in unserem Gebiet vom 5. bis zum 6. Jahrtausend v.Chr. bestand. Das Einflussgebiet reichte von Mähren bis Ungarn und Slowakei bis nach Niederösterreich. Die Symbole der Keramikfunde aus dieser Zeit mit Idolfiguren weisen auf eine stark religiöse Einstellung der Menschen hin. Die weiblichen Figuren werden als Darstellung der Magna Mater, der großen Mutter gedeutet; als Symbol für Leben und Geborgenheit und mütterliche Liebe. Sie ist Schutzgeist des Hauses und Symbol der Fruchtbarkeit, die alte Muttergottheit. Die Figuren müssen kultisch gedeutet werden.

Während man früher Kreisgrabenanlagen als Befestigungen und Ansiedlungen deutete, setzt sich heute die Ansicht durch, dass es sich um »heilige Plätze« handelte. Mit Palisaden, Wällen und Gräben wird vom umgebenden Profanbereich ein kreisrunder Bezirk mit Sakralcharakter – als geheiligter Bereich – abgegrenzt.

In Südmähren hat man solche Kreisgrabenanlagen gefunden und kam zur Erkenntnis, dass sie der Beobachtung der Sonnenwende, der Mondzyklen, als Versammlungsort für den Kult der Naturkräfte, besonders der Fruchtbarkeit, gedient haben. In der Wallanlage, vor allem bei der zentralen Grabstelle, sind starke Ausschläge der Rute zu bemerken.

In Schleinbach bei Ulrichkirchen hat man in einer Ziegelei ein Gräberfeld und Siedlungsgruben gefunden, dazu zerbrochene Keramiken und menschliche Skelettteile, die man als Opfer erkannt hat.

In Hagenberg, Gemeinde Fallbach, steht die Kirche auf den Ausläufern eines Hausberges, der zu einem kleinen Plateau aufgeschüttet worden ist.

Die schöne Wallanlage von Kronberg in der Gemeinde Ulrichskirchen hat Wallreste an der Westseite des Scheibenberges. Der Name
bezieht sich auf die prähistorische Beschaffenheit des Bodens. Man
hat neuerdings zwei Wälle in einem Luftbild entdeckt und Scherben
aus der Jungsteinzeit, aus der Bronzezeit und später gefunden. Inner-
halb des Walles fand man viel Scherbenmaterial und Pfeilspitzen. Der
Platz weist starke Strahlung auf.

Der Kirchenberg von Ulrichskirchen liegt auf einer alten Wallanlage, deren Gräben deutlich erkennbar sind. Schon in der Urnenfelderzeit war hier ein Wall, der im 8. Jahrtausend v. Chr. gebaut worden ist und wahrscheinlich den ganzen Kirchenberg umfasst hat und
der im Mittelalter verändert worden ist. Den kultischen Charakter
dieses Platzes erkannte man daran, dass hier Gerstenspelzen verbrannt
worden sind, wie bei den Kultfeiern der römischen Vestalinnen, die
mit Salz zubereiteten Spelzschrot in eigenen Öfen verbrannten. In
der Nähe des Opferplatzes wurde in einer Grube ein Mädchen-
schädel mit einem Loch im Hinterhaupt gefunden. Auch andere Schädel, das Skelett einer jungen Frau, sowie eines Pferdes und eines
Hundes wurden gefunden, ebenso bestattete Hirschkühe und Wölfe.
Der Hirsch galt als heiliges Tier, sein Geweih erinnerte die Menschen an Sonne und Wiedergeburt.

Bezirk Hollabrunn

In Kleinsierndorf bei Haslach ist ein Burgstall zwischen zwei Dörfern. Im Mittelalter wurde es ein befestigter Platz. Da man ein Marterl,
ein Kreuz und später eine Kapelle darauf errichtet hat, reicht die
Kultkontinuität bis in die Gegenwart.

Eine Kreisgrabenanlage findet man in Glaubendorf. Aus der Luft
erkennt man an der Verfärbung, dass hier einmal ein Wall gewesen ist.

Die ganze Anlage hat sechs Tore. Scherben aus der frühen Lengyelzeit wurden gefunden.

Der Stein von Mitterretzbach hat vierzehn Schalen. Die Rute schlägt entsprechend aus. Die Wallfahrt hat sich erhalten, eine winzige Kapelle steht neben dem Rastplatz mit dem Baum. Vor dem Altar befindet sich ein Brunnen aus dem die Leute heiliges Wasser schöpfen. Der Stein ist eindrucksvoll, man hat nördlich des heiligen Steines eine Anzahl von Steinen mit Näpfchen gefunden, die von Menschenhand gemacht worden sind. Auf einem südlich gelegenen Felsgrat sind weitere Näpfchen zu sehen.

Der Hollerberg und der Kapellenstein

Der Hollerberg liegt ein Stück südwestlich vom Ort an der Straße von Sitzendorf nach Roseldorf. Der Kapellenfels liegt südlich des Ortes am Straßenrand. Durch einen Steinbruch wurde er weitgehend beschädigt, aber der Gipfelstein ist noch zur Hälfte vorhanden und hat ein schönes Näpfchen, in das man jetzt noch Blumen, Beeren und Früchte hineinlegt. Die Steine haben eine längliche Form, ein nordseitiger Stein hat zwei Näpfchen von etwa 2 cm Durchmesser, Zeichen eines Kultplatzes. Am Fuße des Felsens wurde ein bronzezeitlicher Scherben gefunden.

Nördlich des Dorfes steht ein Weißes Kreuz.

In Kleinwetzdorf, Glaubendorf, in der Nähe des Heldenberges fand man etwas südlich beim Bahnhof durch Luftaufnahmen eine Kreisgrabenanlage, die als Großheiligtum bezeichnet worden ist. Am Boden selbst kann man kaum etwas merken, wohl aber aus der Luft. Der Wall besitzt sechs Tore. Scherben aus der Lengyelzeit sagen etwas über das hohe Alter dieses Kultplatzes aus.

Eine Gesellschaft für die Kulturgeschichte des Raumes hat sich gebildet, die die Zusammenhänge mit anderen Plätzen untersucht und sich von den alten Kultplätzen inspiriert fühlt.

Goldenes Bründl,
Oberrohrbach-Korneuburg

Bezirk Korneuburg

In Stockerau erinnert die Kolomanikapelle an den Platz, wo der heilige Koloman gemartert worden ist. Ein kleiner Kolomanistein ist in der Stephanskirche beim Ausgang zum bischöflichen Palais hin; er ist ganz abgegriffen und wird heute noch verehrt.

Koloman kam als Missionar um 1000 in die Gegend, vielleicht auf der Wallfahrt nach dem Heiligen Land.

In Oberhautzental ist ein Bildbaum im Wald der Herrschaft Hardegg. Es erhielt großen Zulauf, so dass der Pfarrer den Kaplan hinschickte, um das abzustellen. Doch die Bauern wehrten sich dagegen und es blieb bei der Verehrung. Es kamen dann sogar Prozessionen.

Der sogenannte Hausberg von Niederhollabrunn bei Korneuburg hat ein hohes steinzeitliches Alter und zeigt die Kontinuität dieser Plätze.

Von diesem Hausberg ist der größere und teils beschriebene Grabhügel des Dorfes schon bekannt.

Die Kirche von Bisamberg bei Korneuburg steht auf einem alten Hausberg, dessen Reste deutlich zu erkennen sind.

In Füllendorf, Steinbrunn, Gemeinde Großmugl, hat man am Hang östlich von der Kapelle eine Kreisgrabenanlage aus der Luft festgestellt, deren Durchmesser etwa 80 Meter beträgt.

Die alte und die neue Wallfahrt.

Die Wallfahrt ist ein uralter, vorchristlicher, weltweiter, religiöser Brauch. Zu allen Zeiten, in allen Religionen gab und gibt es Wallfahrten; man besucht in Gruppen oder einzeln Plätze, die als heilig und stark empfunden werden. Nicht nur Überlieferung und Brauchtum trieb die Leute dazu an, die Orte selbst besaßen über weite Strecken hin Anziehungskraft und behielten sie auch trotz verschiedener Widerstände wie Reformation, Aufklärung und politischer Verbote. Heute erleben wir ein starkes Bedürfnis nach Wallfahrt gerade auch bei nicht sehr kirchengebundenen Menschen. Uraltes bricht da durch.

Was hat unsere Suche nach den heiligen Plätzen für einen Sinn? Warum tun wir das? Ist es nur ein Hobby, eine Spielerei, so wie einer Schmetterlinge fängt oder Marken sammelt? Ich meine, es ist mehr. Gehen wir davon aus, was die Alten hier an diesen Plätzen getan haben, was sie dorthin getrieben oder gezogen hat und was sie gesucht und gefunden haben. Sie sind an diese geheimnisvollen Orte gezogen, sie sind dort verweilt, sie haben nachgedacht, sich inspirieren lassen, weil sie auf der Suche nach dem Sinn des Daseins und ihres Schicksals waren, weil sie in Not oder krank waren. Es ging ihnen um Weisung, Heilung, Erleuchtung. Zur gleichen Zeit können einzelne Menschen oder Gruppen geistig in einer früheren oder neueren Kultur- und Erkenntnisstufe leben. Beide muss man lassen wie sie sind und darf nichts abwerten.

Unsere Situation ist schwierig, weil beides nebeneinander steht, ungleiches zur selben Zeit. Die historische Zeit deckt sich nicht mit der kulturellen, geistigen Zeit. Der intellektuelle Sohn sieht und erlebt Mariazell anders als seine bäuerliche Großmutter. Er ist kritisch, skeptisch, entweder ungläubig oder ein Suchender mit wechselnden Erfahrungen. Sie ist noch vormodern, er ist postmodern. Welten an Erfahrung trennen sie. Die Zeit, da sich beide Seiten verständigen können, liegt noch in weiter Ferne.

Der Mensch ist von den Anfängen einer geistig-religiösen Kultur weit entfernt und hat eine große Entwicklung gemacht. Am Anfang stand unmittelbare Erfahrung, dann kam Reflexion, Aufklärung, die zweite, technische Revolution. Die Welt ist total anders geworden, aber auch die Menschen. Unser rationales Wissen ist größer geworden, das Wort hat den Mythos, das Bild und Symbol abgelöst, aber wir stoßen an Grenzen, in unserem persönlichen Leben und im Leben der Gesellschaft. Mit ihrer natürlichen Intuition kamen unsere Vorfahren weiter, als wir mit unseren philosophischen, theoretischen und wissenschaftlichen Erkenntnissen.

Anstatt Wissenschaft hatten sie intuitives Wissen, statt Beliebigkeit und Individualität hatten sie einen einheitlichen Grund im Glauben

Wallfahrt in Österreich

ihrer Gruppe, ihres Volkes, ihrer Religion. Sie hatten eine Bildersprache und tiefe und große Symbole und Mythen, die sie der Wirklichkeit näherbrachten als unsere Einzelerkenntnisse, die bedroht sind von Skepsis und totalem Zweifel.

Sie führten ein einfaches, hartes Leben, waren bedroht von der überwältigenden Kraft der Natur, der sie ausgesetzt waren und mussten sich in einem tausendjährigen Kampf bewähren. Der Mensch der Frühzeit war schon ein Denkender, Fragender und Suchender. Der moderne Mensch fragt nicht und sucht nicht, er unterhält und vergnügt sich. Für uns Menschen der Spätzeit ist die Rückkehr zu den Wurzeln, zum Leben und zur Erfahrung der Menschen der Frühzeit wichtig. Wir leben in einer künstlichen Welt, alles ist materiell und intellektuell vernetzt. Wir wissen zu viel und haben zu viel, aber Wesentliches fehlt uns. Wir brauchen eine andere Dimension des Lebens und der Erfahrung. Das Gute, das Wahre, das Schöne findet man nicht im Fernseher, in der Welt der Werkzeuge, Maschinen und Geräte, in der technischen Welt. Wir wissen nichts anzufangen mit Stille, Dunkelheit, Geheimnis. Uns geht es um Wissen, Machen, Können und Haben, nicht um das, was die Alten hatten: Erfahrung und Weisheit. Wir wollen zurück in eine mythische Zeit. Die modernen Mythen sind Sience fiktion, Weltraumforschung und das Internet.

Dem Geheimnis des Daseins kann man sich nur in der Phantasie, in Träumen, im Nachdenken oder Meditieren nähern. Ausdrücken kann man es nur in Mythen, durch Riten, in Bildern und persönlicher Ergriffenheit oder in der Erfahrung von Gemeinschaften.

Es gibt keinen rationalen einfachen Weg zum Ganzen, zur Wurzel. Der ganze Mensch mit all seinen Kräften muß sich aufmachen. Die Tiefen seines Herzens müssten erschlossen werden. Das Mysterium kann nur in Mysterienfeiern erfahren werden. Wenn es in Worte gefasst ist, wird es einseitig und kopflastig, banal.

Was tun auf den alten Plätzen?

Man kann auf verschiedene Weise mit den alten Plätzen umgehen. Es ist etwa so, wie wenn einer durch die Landschaft geht und die Blumen betrachtet, die er sieht. Wenn er verweilt und sie sich einprägt, wird er ein lebendiges Bild von ihnen gewinnen. Ein anderer reißt sie ab, presst sie, gibt sie ins Album, die Farben vergilben und es bleibt nur Heu übrig. Wieder ein anderer fährt mit Mountainbikes durch die Wälder und sucht die Plätze auf nach einem Verzeichnis, fotografiert sie, hakt sie im Buch ab und saust zum nächsten weiter. Ein anderer sucht sie auf, nimmt sich Zeit, nähert sich ihnen ehrfürchtig, versucht sie in sich aufzunehmen in ihrer Gestalt, in ihrer Umwelt, womöglich zu verschiedenen Tages- und Nachtzeiten, sucht besonders eindrucksvolle öfters auf, baut sie gleichsam in sein Leben ein, oder anders: einer liest die Bücher der Philosophen, studiert Logik und Physik, und der andere studiert und meditiert die Mythen, Sagen und Legenden.

Wir bräuchten Menschen, die uns führen. Stille, leise, erleuchtete, die uns bei der Hand nehmen und hinführen, einführen in die großen Mysterien des Daseins. Dazu müßten wir vorher erweckt werden und eine tiefe Sehnsucht haben, um Platz zu schaffen für die Voraussetzungen.

Wisse die Wege, scivias, hat die weise Hildegard von Bingen vor bald tausend Jahren gesagt. Sie war eine Suchende, die sich angezogen fühlte vom Geheimnis. Die Propheten, Druiden, Weisen, Einsiedler und Heiligen wären Vorbilder und Wegweiser.

Wäre das nicht die Aufgabe der Religion und ihrer Vertreter, der Priester und Lehrer und Weisen? Die Religionen sind vertrocknet und ihre Bilder sind verblasst. Die Religionen sind museal geworden. Die Wahrheit, die Erkenntnisse und Erfahrungen sind aufgespießt und vertrocknet wie in einem Album. Sie reißen nicht mit, sie führen uns nicht ein, sie erwecken uns nicht. Wir sind nur auf Hinweise angewiesen. Die wahrhaft Suchenden wären dankbar, die kleinsten Hinweise aufzunehmen und sie zu befolgen. Dazu müssten wir unser Leben ändern, was heute sehr schwer oder unmöglich ist.

Wenn du dich angezogen fühlst von den uralten heiligen Plätzen, dann nähere dich ihnen, suche sie auf, wähle aus, die dir am nächsten sind, die für dich, für deine Situation, dein Leben passen. Geh mit ihnen vorsichtig und ehrfürchtig um und verzage nicht. Höre nicht auf zu suchen, dann wirst du Wege und Orte finden, die dich ansprechen, die dich anrühren, die dich wandeln.

Bezirk Krems

In Krems im Kloster Und ist ein Maria-Bründl. Es gilt als Heilquelle und es wird von vielen Gebetserhörungen berichtet.

Das Pestbründl ist im Marthalergraben und wurde besonders zu Zeiten der Lues und Pest als Heilquelle verwendet. Um 1500 kamen 20.000 Pilger. Das Wasser wurde auch verschickt.

In St. Leonhard im Hornerwald auf der Lamplhöhe wurde der heilige Leonhard verehrt.

Tierfiguren der Hallstattzeit

*rechte Seite: Godastein, Symbol für das
männliche und weibliche Prinzip*

Pendel und Rute

Es besteht die Vermutung oder Behauptung, dass die Kultplätze eine magnetische Strahlung haben, die der Mensch unwillkürlich, mit den Händen, oder mittels eines Werkzeuges wie Pendel oder Wünschelrute spüren und feststellen kann.

Pendel und Rute werden gerne von Installateuren benutzt, wenn sie eine undichte Stelle in einem Leitungsrohr feststellen müssen. Auch bei großen Bauvorhaben, etwa einer Ölleitung, ruft man oft, wenn die Pläne fertig sind, einen bewährten Rutengänger, der die Strecke abgeht und seine Beobachtungen äußert, dass man eine Stelle benutzen und eine andere umgehen möge, was dann auch meist beachtet wird. Der Gebrauch von Pendel und Rute ist uralt. Im Mittelalter hat man damit auch Erz gesucht und gefunden. Manche meinen, daß der Stab des Moses, mit dem er an den Felsen schlug und die Quelle entdeckte, eine Wunschelrute war.

Bernadette und ihre Gefährten sahen die Muttergottes über dem Fluß in der Grotte und gruben im Boden nach und es sprang eine Quelle hervor, die noch heute fließt und von Millionen Menschen aufgesucht wird, von denen viele geheilt worden sind. Ich selbst habe so eine Heilung erlebt.

Außer magnetischen Erd- und Wasserstrahlen gibt es auch Gitternetze, die bei Überschneidungen mit anderen die Wirkung zu Gutem oder Schlechtem verändern. Strahlende Plätze werden auch starke Plätze genannt, die man beachten und achten soll.

Ich habe erlebt, wie bei der Untersuchung erdmagnetischer Strahlung an einem heiligen Platz ein Offizier die anderen verspottete, die mit der Rute nach dem Zentrum suchten. Er hatte selber eine Rute in der Hand und schimpfend ging er den anderen nach. Als er an den Platz kam, wo andere Strahlung spürten, begann sich seine Rute lebhaft zu drehen und so widerlegte er sich selber und glaubte fortan daran.

Es ist nicht notwendig, dass einer, der die Kultplätze besucht, diese Methode anwendet oder auch nur an sie glaubt. Die Plätze haben alle ihre eigene Atmosphäre, die man ganzheitlich spürt, wenn man sensibel ist. Wenn die Alten vom Genius loci, also dem Geist eines Platzes sprachen, so steckte beides dahinter: die geheimnisvolle Atmosphäre, die der Platz hat, und die magnetische Strahlung des Bodens. Dazufügen kann man noch, wenn man will, die andere Meinung, dass es nicht nur terrestrische Strahlungen (Strahlung vom Boden her), sondern auch Strahlung von den Sternen her gibt. Das kann man auch mit Astrologie in Zusammenhang bringen. Stonehenge und die Pyramiden sind wahrscheinlich alle nach diesem Gesichtspunkt ausgerichtet.

Dass Quellen und Wasseradern strahlen, ist weithin bekannt. Im alten und neuen Japan kennt und übt man die Kunst des Feng-Shui bei Haus- und Großbauten, wie Banken oder Wolkenkratzern.

Außer der terrestrischen Strahlung vom Boden her gibt es die kosmische Strahlung, die sich zu bestimmten Zeiten ändert. Wie die Feste im Kalender in der Jahreszeit geordnet sind, hängt wahrscheinlich damit zusammen. Zur Zeit der Wallfahrt strahlen die Sterne anders, als zu anderen Zeiten. Rilke sagt, selbst die Sterne muten dir zu, dass du sie spürest. Wenn wir sie auch nicht unmittelbar spüren, so wirken sie durch sich ebenso wie die Strahlung von unten.

Man kann sich auch ein ganzes Netzwerk vorstellen, wie die Strahlung auf die Entfernung hin wirkt und wie die einzelnen Plätze miteinander vernetzt sind. Die alten Straßen und Wege sind nicht die kürzesten und bequemsten Wege. Sie sind nach mystischen Gesichtspunkten ausgerichtet. Das gilt vor allem für die großen Fernstraßen und für die Wallfahrtswege. Die Pilgerwege nach Santiago

nächste Seite: Siebenmarksteine, Göttweig

führen alle über bestimmte starke Plätze. Die Marterln, Bildbäume, Bildstöcke und Kapellen, ja Kirchen, stehen immer an starken Plätzen. Dort hat man zur Zeit, als man noch zu Fuß ging, oder Pferd und Wagen benutzte, gerastet, gegessen, verweilt, gebetet, Kraft aufgenommen, Ruhe gefunden und ist dann weitergezogen. Die Autobahnen sind nicht nach diesem Gesichtspunkt gebaut.

Ortungen und Vernetzungen

Es wird von großen Linien gesprochen, die über ganze Länder und Kontinente hinweg verlaufen und verschiedene Plätze verbinden. Im kleineren Bereich werden auch solche Verbindungen behauptet, was man bei genauen Landkarten feststellen kann. Gute Radiästheten können aus dem Katasterplan den Verlauf der Kraftlinien und Felder feststellen. So unglaublich es klingt, so ist es nach der Erfahrung nicht abzulehnen. Eine Rolle in diesem Netzwerk und der Ortung spielen die Roten, Weißen und Schwarzen Kreuze.

Wenn man auf der 50.000er oder 25.000er Landkarte versucht, diese Kreuze und Marterln nach dem pytagoräischen Dreieck zu suchen, findet man auffallend häufig die Verbindung. Man könnte die alten Pfähle, aus denen die Roten Kreuze entstanden sind, und die Marterln, vergleichen mit den Akkupunkturpunkten des Körpers, etwa an den Ohrläppchen, in der großen Zehe oder in der Fußsohle, die mit verschiedenen, weit entfernt liegenden Organen verbunden sind, mit der Wirbelsäule, der Leber, dem Kopf. So könnte man sich das Land auf geheimnisvolle Weise vernetzt und verbunden vorstellen. Dem Einwand, dass man früher nur auf Sicht und nicht auf Landkarten und aus der Luft messen konnte, wird von den Verfechtern dieser Theorie erwidert, dass man Stäbe mit verschieden langen Schnüren und Bändern hatte, mit denen von erhöhten Plätzen aus Abstände und die Richtung über Berg und Tal hinweg festgestellt wurde.

Aufschlussreich ist es, wenn mit den Plätzen, Kreuzen, Steinen, Bildstöcken, ja auch Kirchen und Kapellen Sagen oder Legenden verbunden sind, die auf die geheimnisvolle mystische Bedeutung des Platzes hinweisen. Man darf sich nicht durch die moralische Bewertung und den Namen verwirren lassen. Hexenplatz oder Hexenberge gibt es viele, sie brauchen keine schlechten Plätze zu sein. Auch für die Toten hat man meist gute Plätze gesucht und gefunden, wo sie zu der Ruhe kommen, die man ihnen in den Gebeten wünscht.

Wünschelrutengeher

Bezirk Horn

In Kattau bei Eggenburg ist eine Heilquelle, die nach dem Wasserheiligen Ulrichskircherl genannt wird. Das Wasser kommt aus einem Stein heraus, auf dem wahrscheinlich einmal die Ulrichstatue stand.

In Nondorf an der Wild ist der jetzige Gemeindebrunnen eine alte Heilquelle. Es war sogar einmal ein Badhaus, und Krücken verraten und erzählen von Wunderheilungen.

Die Kirche von Maria Weinberg in Gars soll nach der Legende von Engeln gebaut worden sein. Die Muttergottesstatue ist schon 500 Jahre alt.

Einen ähnlichen Bericht gibt es über das Floriani- oder Saaßbründl bei Sieghardsreith. Der Bildstock mit dem heiligen Florian steht über einer Quelle. Der Graf ließ den Bildstock entfernen, aber dieser kam immer wieder zurück und wurde vom Volk weiterhin verehrt.

In Roggendorf, Steinleiten, ist ein Kultfels und ein Gräberfeld. Der Felsen weist zahlreiche kleine Schalen und Näpfchen auf.

Die Steinleiten liegt nördlich von Roggendorf bei Röschnitz hinter dem Königsberg. Man fand hier ein großes Gräberfeld aus der Bronzezeit. Gleich in der Nähe davon steht ein 3 Meter hoher Felsen am südlichen Abhang, den man vom Königsberg aus gut sehen kann. An der Oberfläche hat er einige Rillen, andere an der Seite. Es könnte als Grabkreuz gedeutet werden. Ob die kreuzförmigen Rillen auf Verwitterung zurückgehen oder von Menschenhand gemacht sind, ist schwer festzustellen.

In Tautendorf bei Atzenbrugg steht eine Marienkapelle „zur Kreuzföhre», die auf wunderbare Weise den Platz wechselte. Sobald man die schwarze Marienstatue in der Kapelle in die Nische stellte, verschwand sie wieder an ihren alten Platz. Durch einen Brand der hölzernen Kapelle, die man zuerst baute, soll sie die schwarze Farbe bekommen haben.

In Großburgstall bei Neukirchen an der Wild hat man eine merkwürdige Steinfigur gefunden. Sie lag neben der Kirche von Neukirchen. Sie ist aus einer Steinplatte herausgeschlagen worden und ist etwa 1 Meter groß und zeigt ein primitives Gesicht mit einem eigenartigen Fortsatz nach unten, das an eine Stele erinnert. Sie dürfte einmal frei im Boden gesteckt sein und muß von den sogenannten Heidenköpfen, wie man sie in romanischen Kirchen gefunden hat, und wie sie auch in der nahen Kirche von Strögen zu sehen sind, unterschieden werden. Es dürfte sich um eine jungsteinzeitliche Arbeit handeln. Sie weist keine Ähnlichkeit mit anderen entsprechenden Figuren auf, man sah in ihr eine Arbeit

Marterl am Eingang vom Koglberg

der hier ehemals ansässigen slawischen Bevölkerung. Die verhältnismäßig alten Kirchen von Neukirchen und Strögen könnten darauf hinweisen, dass sich hier heidnischer Kult fortsetzt. Die Kirche und der Platz von Strögen und der mächtige Turm weisen eine starke Strahlung auf.

In Roggendorf, Gemeinde Röschnitz, ist der sogenannte Königsberg über der Teufelslucke. Er stammt aus dem Neolithikum. Dass die Königsberge immer mit einer größeren Siedlung und einem Herrscher zu tun haben, haben wir schon erwähnt und auch dass Königsberge immer besondere Kultstätten hatten. Am Königsberg hat man ein Bronzedepot gefunden mit 37 Ringen. Der Fundort liegt zwischen zwei Felsen mit einem schönen Schalenstein, das immer auf Kult- und Opferplätze hinweist. Schalensteine haben ihren Ursprung in der Steinzeit, was nicht ausschließt, daß man sie später noch lange gebraucht hat und jetzt noch kultisch verehrt, indem man Beeren, Steine oder Blumen als Opfer hineinlegt. Der Schalenstein auf dem Königsberg hat eine deutliche Rinne. Zweifelslos ist es hier ursprünglich blutig hergegangen mit Menschen- und Tierblut.

Eine wichtige urgeschichtliche Siedlung ist in Straning bei Grafenberg. Hier wurde schon im 6. Jahrtausend gesiedelt. Der sogenannte Geisberg ist in der Nähe der Kirche. Bei Straning ist eine Kreisgrabenanlage, also ein Kultbezirk, im Jahre 1990 von der Univer-

Pilzstein am Koglberg

sität Wien untersucht worden. Man fand zwei Grabenkreise mit einem Durchmesser von 75 und 50 Meter. Es ist eine reine Kultanlage, wo man Steingeräte gefunden hat.

Bei Frauenhofen wurde auch eine Kreisgrabenanlage, die allerdings nicht so groß ist, gefunden. Die Tore waren, wie bei Friebritz und anderen, nach den Himmelsrichtungen ausgerichtet. In der Nähe wurden viele Steingeräte gefunden. Diese Kreisgrabenanlagen wurden jetzt erst durch die Luftaufnahmen entdeckt, weil sie zum größten Teil eingeebnet sind, aber Strahlung haben sie alle behalten.

Die Wallanlage von Thunau am Kamp hat man zuerst als frühgeschichtlich bezeichnet, heute weiß man, daß es eine urnenfelder- und hallstattzeitliche Anlage ist.

In Rechsdorf in der Gemeinde Höfitz gibt es zwei Plätze mit schönen Näpfchen.

Der große Kultplatz von Grafenberg-Stoitzendorf wird heute häufig besucht. Es ist der großartigste unveränderte Kultplatz. Er liegt einige Kilometer östlich von Eggenburg und steht unter Naturschutz. Ein Marterl weist auf das Heiligtum hin. Eine große Steinsäule, die aus mehreren Blöcken aufgetürmt erscheint, hat mehrere Schalen. Wenn man vor dem Stein steht, ist neben der Spalte ein großer Tritt im Stein. Dies ist die kultische Markierung und heißt: Hier ist die Gottheit gestanden. In der Höhe des Kogelberges wurde eine Ringgrabenanlage gefunden, das Franzosengrab. Im Volksmund wird erzählt, dass zur Zeit Joseph II. am Koglberg ein Heiligtum existiert hat, welches aufgehoben worden ist. Heute befindet sich auf der Plattform ein Kreuz. In der Nähe der Ziegelei Grois hat man schon im Jahre 1912 Funde aus der Altsteinzeit gemacht und zwar Mammutzähne, steinerne Kratzer und Sticheln, Steinplatten mit Ritzungen und anderes.

Gebetsriten

Jede Religion hat ihre rituellen Gebete, die ihren Sinn haben. Manche jüdische Bräuche wirken fremd und unverständlich, anstößig, etwa wenn ein Jude sich beim Gebet den linken Oberarm mit einem Riemen umwindet und sich auf der Stirn eine Kapsel anbringt mit einer Rolle aus dem Buch Moses. Sie sind wahrscheinlich Ersatz für ursprüngliche Tätowierungen, die eine magische Bedeutung wie Amulette hatten, Denkzettel nennt sie Luther. Der männliche fromme Jude trägt sie beim Morgengebet, außer am Sabbat und an Feiertagen.

Gebetsmühlen sind für uns schwer verständlich. Dahinter steckt die magisch-meditative Meinung, daß die Formeln, die auf den Gebetsmühlen, Fahnen, Gebetsbändern oder ähnlichem dargestellt sind, durch die Bewegung der Hände, des Windes oder des Wassers, das Gebet der Menschen objektivieren und fortsetzen.kann Leichter verständlich ist das bei uns neuerdings wieder im Aufschwung befindliche Anzünden der Opferkerzen oder Opferlichter vor Heiligenbildern und an Gnadenstätten. Wer verächtlich von solchen Bräuchen redet, versteht nicht, dass der Mensch das Bedürfnis hat, sich in diesen Formen und Riten auszudrücken. In die Opferkerze legt er seine Bitte hinein, er identifiziert sich mit ihr. Psychologisch ist das verständlich und in Ordnung. Rationalisten stehen dem fremd gegenüber. In ihrem Spott oder Hohn drückt sich die Armut ihrer Emotionalität aus. Ich weiß, dass Herbert von Karajan regelmäßig Opferkerzen angezündet, geopfert und gebetet hat.

Das Gebet selbst ist heute weitgehend in Verruf geraten. Man versteht es nicht mehr oder sieht darin ein Herunterleiern von Formeln, von denen man sich einen, oft sehr irdischen, Vorteil verspricht. Gebet im weitesten Sinn ist aber eine unbedingte Notwendigkeit für

Glaube und Religion. Wer nicht betet ist Atheist und gottfern. Eine Statistik in unserem Bereich besagt, dass es mehr Menschen gibt die beten, als solche, die sich als gläubig bekennen. Ein altes Sprichwort sagt: Not lehrt beten! Oder: »Beten kann nicht schaden.«

Wenn magische Elemente im Gebet enthalten sein mögen, braucht man sich nicht darüber aufregen, denn magische Elemente sind auch im ungläubigsten Atheisten vorhanden, wenn auch in einer anderen, versteckten Form.

Jesus hat den Missbrauch des Gebetes gekannt, indem er sagte: »Plappert nicht wie die Heiden. Euer himmlischer Vater weiß, was ihr braucht.« Wir haben kein Recht, das Gebet anderer Menschen, in welcher Form immer es dargebracht wird, als unwürdig abzulehnen. Das Wiederholen von bestimmten Formeln hat einen meditativen Zweck. Es lenkt von anderen Gedanken ab und versetzt den Mensch in eine eigene meditative Stimmung. So ist das Rosenkranzgebet zu verstehen. Die Orthodoxen haben dafür das sogenannte Jesusgebet. Mit dem Atmen verbunden, wiederholen sie: »Herr Jesus Christus, erbarme dich meiner«. Die Buddhisten wiederholen ihr »Om mane padme hum« (groß ist das Geheimnis in der Lotosblüte), das bedeutet, groß ist das Geheimnis des Daseins oder das Geheimnis Gottes. Das letzte Gebet geht in Schweigen über.

Es gibt keine Psychologie des Gebetes, aber viele Gebetstechniken. Ich fragte einen Mann, der alles aufgab und von Österreich aus zu Fuß nach Santiago wanderte, was er auf dem langen Weg getan hat. Er antwortete: »Da kannst du nur beten.« Letztlich ist Beten ein Geheimnis, das jeder erlernen muss, wenn er soweit ist.

Der Volksglaube beinhaltet einen ungeheuren Reichtum an Bräuchen und Riten, die weniger aus dem offiziellen Kult kommen, sondern aus der Überlieferung, aus uralten Wurzeln. Man betet an Plätzen, die als heilig empfunden werden und auch nach der Bekehrung zum Christentum weiter besucht und verehrt werden. Sie wurden verchristlicht. Die Propheten haben den alten Kult auf den Höhen verworfen und die Götzenbilder zerschlagen. Später haben die Juden auch Kult auf den Höhen ausgeübt, denken wir nur an Sinai, Tabor, Berg der Seligpreisungen, Golgota. Wie wir wissen, sind die meisten Wallfahrtsorte vorchristliche Kultstätten, die man übernommen und christlich gedeutet hat. Manche Priester an den Wallfahrtskirchen bekennen sich dazu, andere schämen sich und verdrängen es. Die neuen Orte des Volksglaubens setzen sich nur schwer gegen den Widerstand der offiziellen Kirche durch.

Die Marienerscheinungen in Lourdes, Fatima und Medjugorje wollte man nicht anerkennen. Medjugorje ist noch immer nicht anerkannt, Lourdes und Fatima schon. Die Leute kommen aus Amerika, aus allen Ländern der Welt nach Medjugorje und schwören, dass sie dort Ungeheures erlebt und erfahren haben. Die Kirche hat das Recht und auch die Pflicht zu prüfen, aber meistens gibt sie dem Drang der Volksreligion nach. Sie tut es mit schlechtem Gewissen, im Zweifel, ob sie da nicht einem Drang nachgibt, der der Tradition nicht entspricht und zu Entgleisungen führt. Alles das gibt es.

In Afrika gibt es neue Religionen, die sich aus neuen Gemeinschaften und Bewegungen der katholischen Kirche, etwa Focolari oder anderen Kirchen bilden. Katholisch würde eigentlich heißen: allgemein, das heißt allumfassend und weit, nicht eng und ängstlich. Ein bedeutender deutscher Dichter der Nachkriegszeit war als Heimkehrer vom Krieg eine zeitlang in einer kirchlichen Zentralstelle beschäftigt. In der Erinnerung erzählte er, dass das wichtigste Wort und das Gefühl, das die Männer dort erfüllte, die Angst war. Die Angst, vom richtigen Wege abzukommen, die katholische Identität zu

Urnenfelderkultur

verlieren. Er selbst blieb ein überzeugter Katholik, aber mit kritischem Abstand.

Volkskundler sind sich einig darüber, dass der Titel des heute noch wichtigen Werkes: Handbuch des Deutschen Volksglaubens anders lauten sollte. Der Titel entspricht nicht dem Inhalt. Das Buch wurde in einer sehr intellektualistisch eingestellten Zeit geschrieben, die das Mystische, das Geheimnisvolle, die Tiefen der Religion nicht mehr anerkannte. Man glaubte in jener Zeit mit dem Hirn und mit dem Willen, aber nicht mit dem Herzen.

Im Volk hat sich neben der offiziell verkündeten und auch geübten und immer wieder normierenden Religion eigenes Brauchtum entwickelt und erhalten. Heute spricht man in der Entwicklungspolitik nicht mehr von unterentwickelten Ländern, zu denen wir gehen müssen, um sie auf den Stand unseres Wissens, unserer Wirtschaft und Technik zu bringen, heute spricht man von einem Austausch der Erkenntnisse und Erfahrungen. Fachleute betonen, dass wir sehr viel von den Eingeborenen und ihren Gebräuchen lernen können.

Man hat geglaubt, dass man die Sahelzone retten könne, indem man viele Brunnen gräbt, was man auch weitgehend getan hat. Die Folge war, dass die Eingeborenen mehr Rinder züchteten. Der Mehrwuchs durch die bessere Bewässerung, wurde an die Rinder verfüttert. Bald war alles wie vor den Brunnenbauten. Bäume, die bis zum Holz abgefressen worden waren starben ab. Die Wüste wächst weiter.

Ein bedeutender Entwicklungshelfer aus der Schweiz schreibt in einem bekanntgewordenen Brief sehr nachdenklich darüber, was er in guter Absicht und nach damaligem Verständnis in die unterentwickelten Länder gebracht hat. Er fragt sich heute, ob seine Arbeit einen Sinn gehabt hat, denn der Schaden, der durch den Wechsel der Kultur, die nicht nur aus Zivilisation und Technik besteht, angerichtet wurde, war groß. Heute geht man sensibler mit dieser Materie um und versucht nicht mehr, westliche Denkungsart um jeden Preis in Entwicklungsländer zu tragen. Wir können viel von anderen Kulturen lernen.

Die Missionare kamen im stolzen Bewusstsein zu den sogenannten Heiden, ihnen ein europäisches Christentum zu bringen. Sie erklärten die religiösen Vorstellungen der Einheimischen als heidnisch, ja teuflisch und feierten mit ihnen Gottesdienste nach unserem abendländischen Ritus. Heute geht man den anderen Weg, sucht die wahren Erkenntnisse und Riten der Einheimischen zu verstehen und im christlichen Kult möglichst viele Elemente des religiösen Brauchtums der Einheimischen zu übernehmen.

Ein Beispiel: Ein Missionar wollte ein großes Fest machen und die Menschen daran beteiligen. Im Mittelpunkt sollte eine große Messfeier stehen. Die Ältesten der Gemeinde waren gar nicht begeistert davon, sondern zurückhaltend. Darauf meinte der Missionar, auf den Stier, der bei diesen Feiern geopfert und gegessen würde, käme es ihm nicht an. Daraufhin sagten die Männer, auch ihnen käme es nicht auf den Stier an, sondern auf die Vorbereitung des Festes. Das verstand der Missionar nicht. Dann sagten sie ihm, sie könnten dieses Fest nur feiern, bis die große Versöhnung der Familien und des ganzen Stammes geschehen sei. Das sei langwierig und schwer. Dies ist ein Beispiel dafür, wie wir von den sogenannten Wilden lernen können. Ein Fest kann die Menschen vereinigen, aber die vorhergehende große Versöhnung der Familien und des Stammes ist ein wesentlicher Gesichtspunkt, den wir übersehen.

Unsere Gottesdienstfeiern sind starr und die Leute zeigen kaum Emotionen. Die alte Frömmigkeit ist zum großen Teil ausgestorben, weitgehend aus Schuld der Priester. Ein Missionar aus Oberösterreich kam nach Jahren der Arbeit wieder in sein Heimatdorf. Da seine Eltern ein Gasthaus betrieben, half er am Sonntag beim Austeilen der Speisen und Getränke. Auf die Frage seiner Schwester, ob er sich daheim wohlfühle, meinte er, er habe zwiespältige Gefühle. Nach dem Grund gefragt, sagte er: »In meiner Gemeinde kommen die Leute fröhlich zum Gottesdienst, sie singen, tanzen und jubeln und mit den selben Liedern auf den Lippen kehren sie wieder heim. Hier kommen die Leute steif zum Gottesdienst, sitzen steif in der Kirche und gehen dann ebenso steif wieder nahc Hause.«

Dass die Liturgie nicht mehr so volksfremd ist, hat die Volkssprache bewirkt. Es gibt zwei Prinzipe, die hier gegeneinanderstoßen und die abgewogen sein sollen: die Betonung des Geheimnisvollen, des Fremden, das den Menschen fasziniert und ihn in eine erhobene Stimmung versetzt, was durch eine eigene Kultsprache, etwa Latein oder das Altslawische im Osten zum Ausdruck gebracht wird und die Unnahbarkeit, die Ferne Gottes betont.

Der zweite Grundsatz ist der rationale, dass man jedes Wort und jede Geste versteht. Die Kirche macht aus pragmatischen Gründen heute Zugeständnisse an die verschiedenen Völker mit ihren Kulturen, indem sie Elemente aus dem Volksbrauch in die Liturgie einfügt, in Afrika etwa Tanz und Gesang. Bei uns aber hat man das vor tausend Jahren schon versäumt und einen streng einheitlichen Gottesdienst für die ganze Welt eingeführt, was dazu geführt hat, dass nicht mehr das Gemüt, der ganze Mensch, angesprochen wird.

Der Spontanäität müsste mehr Raum gewährt werden, anstatt der Angst vor Ausuferung und Mißbrauch nachzugeben. Strenge Einhaltung jeder Geste und jedes Wortes macht den Gottesdienst unpersönlich. Die Priester haben sich daran gewöhnt, sie haben es nicht anders gelernt und das Volk muss sich damit abfinden. Den Katholiken fällt nichts anderes zu einem Fest ein als eine Messe. Die Evangelischen legen noch immer zu viel Nachdruck auf das Wort, die

Predigt, die sie stolz »Wort Gottes« nennen. Predigten, sowohl die der Katholiken wie die der Evangelischen sind meistens weder volkstümlich noch theologisch tiefgründig. Beide Kirchen wagen es nicht, die Erkenntnisse der modernen Theologie, soweit sie dem einzelnen Pfarrer überhaupt bekannt sind, ins Gespräch zu bringen und die Zweifler anzusprechen.

Die Predigt besteht meistens aus einer Wiederholung und einer dürftigen Auslegung des Evangeliums. Die Exegese (Auslegung der Bibel) ist veraltet, von Hermeneutik (Schriftauslegung) gar nicht zu reden. Wenn man einen Gottesdienstbesucher fragt, was er bei der Predigt gehört hat, weiß er oft keine Antwort. Die Predigten in Radio und Fernsehen sind ähnlich. Ich habe in einem Sommer sechs katholische Messen mit großer Beteiligung des Volkes und zum Teil mit modernen Liedern erlebt. Aber alle sechs Priester hatten vor sich am Pult den Zettel mit der gedruckten Vorlage liegen.

Ein Geistlicher, den ich gefragt habe, wie es ihm geht, sagte: »Wenn ich am Sonntag nicht predigen müßte, ginge es mir besser.«

Die Kirchenleitung selber fürchtet sich, einen Wechsel im religiösen Denken und Fühlen einzugestehen und dem Volk zu übermitteln. Lieber nimmt man es hin, das Volk mit bekannten Formeln, die über das Moralisch-erbauliche nicht hinausgehen, zu belehren. Man fürchtet sich, von den Erkenntnissen der neuen Theologie zu sprechen.

Ein alter Pater und Kenner Roms hat einmal geschrieben, dass vermutlich kein einziger von den zahlreichen Prälaten, Bischöfen und Kardinälen, die im Vatikan sitzen, Bücher moderner Theologen lesen. Sie kennen sie nur aus einseitigen Aussagen, die ihnen unverständlich und fremd erscheinen, weil sie um hundert Jahre zurück sind.

nächste Seite: Quelle beim »nassen Loch« am
alten Pilgerweg nach Mariazell bei Annaberg.
Dr. Jantsch entdeckte auf den Felsen alte Zeichen

Bezirk Waidhofen a.d. Thaya

In Eibenstein ist ein Christopherusstein mit einem Jungfernbründl, wahrscheinlich eine alte Heilquelle.

In Ulreichs bei Großsiegharts steht eine Kapelle im Wald an einem Platz, wo einmal eine ganze Stadt versunken sein soll.

Die Klafferkapelle bei Weikertschlag ist über einer Quelle erbaut. Früher stand dort ein riesiger Baum. Das Wasser wurde für Augenleiden verwendet.

In Primmersdorf bei Drosendorf sind drei Bründl. Bei einer der Quellen steht ein Marterl, diese gilt als Heilquelle.

Der Grabstein

Ein für uns auch heute noch wichtiger Stein ist der Grabstein. Man braucht nicht an den eigenen zu denken, sondern an den unserer Angehörigen, besonders an den der Eltern. Jemand hat gesagt, die Kultur eines Volkes erkennt man am besten, wenn man die Grabstätten besucht. Unsere Friedhöfe sind weder schön, noch würdig.

Ein Arzt, der sich um eine Stelle als Gemeindearzt beworben hatte, erklärte mir einmal, dass der Gesichtspunkt, nach dem er sich den Ort als Arbeitsstätte ausgesucht hat, der war, dass er auf den Friedhof ging und sich die Grabsteine angeschaut hat. Um so größer und teurer sie waren, um so einträglicher schätzte er auch seine Einkünfte ein. Die dargestellten Figuren, trauernden Engel, die Gestalt des Kriegers, zeigen wenig Geschmack. Um sich die Pflege zu ersparen, ersetzte man den schönen, alten, grasbewachsenen und mit Blumen verzierten Grabhügel mit einer steinernen Platte, die auf einem Betonsockel ruht. Das ist pflegeleicht und dauerhaft. Später blieb man bei der Betoneinfassung und deckte die dazwischenliegende Fläche mit kleinen Marmorsteinchen zu, damit ja kein Gräslein hervorkommt. Die Sprüche und die Aufschriften mit Titel und Verdiensten sind gut gemeint. Nur ab und zu sieht man einen grob behauenen, menhirartigen Naturstein mit kleiner Inschrift und viel Grün am Grab.

Der Grabstein ist im Grunde nichts anderes als der alte Menhir, der immer mit Leben und Tod zu tun hat. Der Stein, stellte man sich vor, war der Ruheplatz der Seele.

Dass man die Grabstätten besucht, ist ein kultischer Akt. Das Anzünden des Lichtes, die Blumen, ihre Pflege, die man womöglich selber macht und nicht einem Gärtner überläßt, das Verweilen und noch besser das Gebet für die Toten, das Denken an den eigenen Tod, dass wir selbst einmal hier liegen werden, führt uns in einen spirituellen Bereich.

Wir sollen den Friedhof und das Grab nicht fürchten, wie Goethe es tat, sondern sollen uns daran gewöhnen, dass wir von der Erde sind und zur Erde zurückkehren und dass unsere endgültige Heimat nicht hier, sondern im Himmel, das heißt, bei Gott ist.

Von den riesigen Menhirreihen in Carnac in der Bretagne wird erzählt, dass sie an einem bestimmten Tag lebendig werden und als stolze Krieger zum Meer schreiten und wieder zurückkehren.

Dass man das Kreuz statt des Grabsteins verwendet, ist durchaus sinnvoll im christlichen, aber auch im vorchristlichen Sinne. Das Kreuz ist der alte Pfahl. Auch der aufrechte Stein, der Menhir, ist ein Pfahl, nur aus einem dauerhafteren Material als ein Holzpfahl, der durch den Querbalken verchristlicht wurde.

Das Kreuz selbst ist das einfachste Zeichen, aber ihm eine ansprechende Form zu geben, ist überaus schwer und bei Grabkreuzen selten zu finden. Anders in Irland, bei den steinernen Grabkreuzen mit dem Kreis. Ältere Grabmäler, die selten zu finden sind, haben eine kleine Schale. Man sagt, dass die Vögel Wasser daraus trinken.

Man meinte auch, dass auf dem Stein die Seelen der Toten ruhen. Die serienmäßig hergestellten schwarzen Eisenkreuze, wie man sie heute noch häufig am Lande trifft, sind erträglich, zumal, wenn sie mit Grün und Blumen geschmückt sind.

Grableuchten, in denen Kerzen und Lichter brennen, haben ihre tiefe Symbolik. R.I.P. heißt: Ruhe in Frieden.

Steinkreis in Zöbern

Bezirk Gmünd

In Weitra steht die Kirche »Unserer Lieben Frau am Sand«, weil dort im Wasser eine Marienstatue gefunden worden ist.

Wolfsegg bei Heidenreichstein hat einen interessanten Stein. Von der Straße von Haslau nach Gutenbrunn zweigt der Weg nach Wolfsegg ab. Etwa 200 Meter danach steht ein merkwürdig geformter Stein neben der Straße im Wald. Er ist etwa mannshoch, deutlich abgerundet in der Form eines Menhirs, der sich von unten nach oben verschmälert. Wie er gestaltet ist, kann man schwer ausdrücken. Man könnte an eine Stele mit einem menschlichen Kopf denken. Der Stein hat merkwürdigerweise keinen Namen und es gibt auch keine Sage.

Bezirk Zwettl

Das Freimaurermuseum in Rosenau ist für uns von einer gewissen Bedeutung, weil hier über das Zeremoniell und die Geräte der Freimaurer informiert wird. Die Strahlung ist hoch.

In der Nähe von Arbesbach bei Purrath steht das Einsiedler- oder Schönfelderkreuz. Früher war es ein einfacher Bildstock und wurde von einem Einsiedler betreut. Nach einer Sage soll ein Bauer bei diesem Platz von einer unheimlichen Macht aufgehalten worden sein. Er beschloß, ein Kreuz bei diesem Stock zu errichten. Votivbilder erinnern an die zahlreichen Heilungen, die hier stattgefunden haben.

In Klein-Pertenschlag ist eine Dreifaltigkeitskapelle zum eisernen Bild im Walde neben dem Weg von Marchstein nach Klein-Pertenschlag. Früher stand dort ein Bildbaum oder Bildstock. Verschiedene Sagen erzählen wunderbare Ereignisse.

Brunnen, Walther von der Vogelweide,
bei Allentsteig

In Thail stand eine Kapelle zum heiligen Jakob auf einem heraus-ragenden Felsen über dem Zwettlbach. Es gab eine eigene Jakobs-bruderschaft, welche im Jahre 1742 5000 Mitglieder hatte.

In Wurmbrand steht die Pankrazikapelle mit dem Pankrazibründl. Sie wurde schon vor 500 Jahren erbaut. Sie steht auf einem 3-fach abgestuften Hausberg.

In Oberndorf bei Zwettl ist eine Bründlkapelle am Fuß des Kirchberges. Es kamen früher viele Leute hin, heute ist die Wallfahrt erloschen.

In Schönbach im Waldviertel sind nicht nur die mei-sten Schalensteine, sondern auch eine bedeutende Wallfahrtskirche, wo das Jesuskind und die heilige Maria verehrt worden sind. Darüber

gab es schon im Mittelalter eigene Mirakelbücher, wo Heilung von Viehkrankheit, Verzauberung, Hexenschuss und anderen Krankheiten genannt wurden.

Freimaurer

Freimaurerei war am Anfang so etwas wie ein Kultverein, eine Kultgemeinschaft von Männern, in den man nach einer Probezeit und Belehrung durch Initiation aufgenommen wurde oder in einer Weihefeier einen neuen Rang erhielt. Nicht die politische oder gesellschaftliche Seite ist für uns wichtig, sondern daß dort alte Initiationsriten erhalten geblieben sind, wenn sie auch viel von ihrer Kraft verloren haben. Die Benutzung von Symbolen, Weihehandlungen und Prüfungen bei Übergangsriten sind ebenso beachtlich wie die Aufnahme in geschlossene Gesellschaften. Der Aufzunehmende muss nach einer Lern- und Probezeit eine Prüfung bestehen, um in einer rituellen Feier aufgenommen zu werden. Er erwirbt Rechte und Pflichten.

Eindrucksvolle Übergangsriten gab es in Amerika bei Indianern und Völkern in Südafrika.

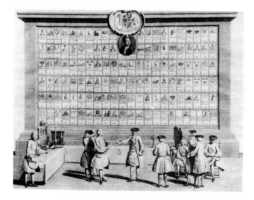

Freimaurerlogen, Stich 18. Jh.

Eine Ähnlichkeit zu den zahlreichen christlichen Gemeinschaften und Orden besteht, die mystische Bedeutung ist weitgehend vergessen worden und wird verdeckt von intellektuellen und juristischen Gesichtspunkten. Das tiefe Erlebnis, das die Rituale und Riten vermitteln sollen, ist weitgehend verloren gegangen, auch in der christlichen Religion. Die automatische Wirkung der Sakramente wird überschätzt. Gott oder sein irdischer Vertreter, der Bischof oder Priester, ist kein Zauberer.

Eindrucksvoll ist bei uns die Priesterweihe, wo die Kandidaten vor dem Altar mit dem Angesicht auf dem Boden liegen und über sie die Allerheiligenlitanei gebetet wird. Handauflegung und Salbung wird heute mehr als Übergabe kirchlicher, hierarchischer Rechte und Pflichten verstanden, wenn auch eine gewisse Vorbereitung durch Exerzitien geschieht.

Bezirk Melk

Das Heilig-Geistbründl in Oberndorf a.d. Melk

Durch das breite Melktal fährt man südwärts an den letzten Häusern von Oberndorf-Grieß vorbei, zur rechten Hand am Ende einer langen Wiese sieht man eine Kapelle in einer hohen Baumgruppe: das Bründl. Die Tür ist verschlossen, durchs Fenster sieht man wenig. Der Bau ist keine hundert Jahre alt. An einer Seite ist eine Nische, aus der aus einem Schlauch das Wasser rinnt. Einen Steinwurf weiter ist eine sumpfige Stelle. Dort kommt das Wasser aus einem Hang, ein aufrechter Stein erweist sich als ehemaliger Opferstock. Das Wasser plätschert, du sitzt auf der Bank, kein Steg führt her. Ein Platz, der trauert, weil kaum einer mehr herkommt. Es fehlt der heilende, heilige Geist.

Die Lochau

Viele hundert Male bin ich vorbeigefahren auf der alten Reichs-straße, der Eisenbahn, der Autobahn auf der großen West-Ost-Linie und habe den Platz übersehen. Ein dunkler Bergrücken im Flach-land mit riesigen Getreidefeldern, fast baumlos. Aber den Bildstock zwischen zwei mächtigen Bäumen an der Straße habe ich wahrge-nommen. Daneben steigt nordwärts ein Feldweg in den Wald hinein, wo sich hohe Wände des alten Walles auf beiden Seiten auftun. Eine andere Welt, eine felsige Hügelwelt mit Eichen, Buchen und Fichten.

Der Weg verzweigt sich, man bleibt auf dem Hauptweg, der sich nach Süden wendet. Ein einsames Haus des jeweiligen Wald- oder Jagdbesitzers, daneben ein eisernes Kreuz auf einem gemauerten Al-tar, auf dem ein rotes Glas mit brennendem Licht steht. Wahrschein-lich vom Wochenende, denn niemand bleibt länger hier. Davor ein Platz für die Jäger für ihre Feste mit Ausblick auf das Feldermeer, die fernen Berge am Horizont. Ein alter Bauer kommt des Weges, den ich anspreche und frage, wo das Kreuz ist, denn es sind viele hier. Er führt mich. Auf einem Steinblock steht eines, mit einer Bank dane-ben. Ich setze mich hin. Von der Schanze weiß der Bauer nichts, aber hier soll ein Schloss oder eine Stadt versunken sein. Ich sehe bereits die Wälle und Gräben unter den lichten Bäumen.

In Loosdorf bei Melk befindet sich östlich der Ortschaft eine Sen-ke, die von der Eisenbahn und Autobahn durchquert wird. Die Be-grenzung ist ein Höhenrücken, der auf der Ost- und Nordseite zum Pielachtal steil abfällt, auf der anderen Seite aber aus alten Wallan-lagen besteht. Man hat neuerdings eine Viereckschanze mit rein kul-tischem Charakter entdeckt und fand ein Kultdepot mit Rohgraffit, wie er seit altersher hier abgebaut worden ist. Viereckschanzen sind heute als Kultplätze anerkannt. Durch Luftaufnahmen fand man in Niederösterreich fünfzig davon. Die Viereckschanzen in Bayern sind

linke Seite: Schlangenkreuz, Kälberhart bei Kilb, einer der Lieblingsplätze des Autors, dahinter bronzezeitl. Grabhügel

139

schon längere Zeit bekannt. In Loosdorf wurden Kultfeste mit Opferfeiern abgehalten. Auf dem Platz stand einst eine Eiche mit einer
tiefen Opfergrube.

Auf den Hängen des Schlossfelsens von Schönbühel bei Melk fand
man römische Scherben und Keramiken aus der Bronze- und Urnenfelderzeit. Der Schlossfelsen fällt steil in die Donau ab und ist durch
einen tiefen Graben getrennt. Die urgeschichtliche Siedlung reicht
bis zum heutigen Tennisplatz. Der Schlossfelsen wurde wahrscheinlich schon im späten Neolithikum besiedelt und war durch den steilen Abfall in die Donau als Kultplatz besonders geeignet. Ein Keramik-
depot bestätigt es.

Grainbrunn, das bei Groß-Nondorf liegt, besitzt eine Bründlkapelle.
Sie wurde früher Brunn im Grean genannt und ist ein Quellheiligtum.

Ein heiliges Bründl befindet sich in Rorregg bei Persenbeug.

Bründl bei Maria Taferl

Der Kreis und die Sonne

Der Kreis ist Symbol der Sonne, vielleicht das stärkste und älteste Symbol.

Die Sonne vollführt ihren täglichen Kreislauf, die Erde, wenn auch als Scheibe verstanden, ist rund. Der Himmel erschien wie ein Gewölbe. Der Kreis ist ein Sinnbild der Unendlichkeit, er hat keinen Anfang und kein Ende. Die Kuppel in der Kirche ist als Halbkugel ein Symbol des Himmelsgewölbes. Aus dem Kreis wurde die Scheibe und später das Rad, ein Bild der Sonne. Die geflügelte Sonnenscheibe wurde auch im Kreuz gesehen.

Im Sonnensymbol sah man die stärkste Ausprägung himmlischer Macht. Aus der Scheibe entwickelte sich das Rad, das zuerst speichenlos war, deren Mittelpunkt die Nabe bildete. Die Nabe, der Nabel der Welt, die Weltachse, um die sich alles drehte, die Erde und der Himmel. Später kam man drauf, das Rad mit Felge, Nabe und Speichen zu versetzen. Die Teilung des Rades ergab das Kreuz. Das Radkreuz war ein wichtiges Symbol, es ergab eine Gliederung und symbolisierte die Himmelsrichtungen.

Das Quadrat als gleichseitiges Viereck konnte als Umhüllung oder eingeschlossen im Rad verwendet werden und zeigt Ordnung an. Es geschah Teilung, wie man sie auch sonst in der Welt erlebte, etwa in vier Elemente, Feuer-Wasser-Erde-Luft oder in die vier Himmelsrichtungen, die Stellung der Sonne, Teilung in Tag und Nacht und in die Jahreszeiten. Das Rad als Mittel zur Bewegung wurde als Symbol für die Zeit erkannt. Unsere Uhren sind heute noch rund. Das Rad symbolisierte auch das menschliche Leben und das Leben der Welt. In der Magie war der Kreis wichtig, denn er trennte und schirmte das Böse ab, zumal wenn der Kreis gezogen wurde und mit Blut gefüllt war. So schützte man sich. Radförmig waren die heilbringen-

nächste Seite: Steinaltar, Maria Taferl

den und das Böse abwehrenden Amulette, der Ring an Hals und
Finger und der Gürtel. Man bannte im Kreis die Geister. In der
Mathematik und Geometrie war der Kreis neben dem Dreieck, in
der Kunst als Spirale, wichtig. Zur Orientierung im Weltganzen und
im täglichen Gebrauch wurden diese Formen als
Sinnbilder und zur Deutung des Daseins,
nicht nur zur Zierde verwendet. In der
Zusammenfügung verschiedener For-
men drückte man sein Weltbild aus.
Der Kreis oder die Scheibe wurde als
Nymbus für die Göt- ter und Heiligen be-
liebt. Aus dem Kranz wurde die kaiserliche
oder königliche Krone, das höchste Würdezeichen. Die Mithra, die
Kopfbedeckung des Bischofs, stammt vom priesterlichen Kopfband.
Das geheimnisvolle Labyrinth ist ein Sinnbild für das menschliche
Leben.

Das Geheimnis des Steines

Die Härte des Steines, seine merkwürdige Form und dass mit Steinen Feuer erzeugt werden kann, haben die naturverbundenen Menschen immer mit einer übermenschlichen Macht verbunden. Besonders gilt dies für die Meteore, also Steine, die vom Himmel fielen.
In der Kaaba ist ein Meteorstein aus der vorislamischen Zeit einge-
mauert. Die Umhüllung soll die Größe und die Macht dieses Steines
anzeigen.

Für den Naturmenschen ist der Stein nichts Totes, sondern Träger
des Lebens und der Fruchtbarkeit. Man empfand den Stein als lebendig. Der Stein ist nach Meinung der Phönizier beseelt. Für die
Ägypter war der Stein Symbol für die Ewigkeit. Wenn der menschli-

che Körper verwest war, sollte das in Stein gehauene Bild und der eingeritzte Name das Weiterleben verbürgen. Dass dies übertrieben werden kann, ist wie bei allen Arten des Kultes naheliegend. In der Bibel wird mit dem Stein zwiespältig umgegangen. Die Heidenvölker hatten Götter aus Stein und Holz. Man muß verstehen, dass das Volk eine primitivere oder andere Art des Verständnisses hatte, als die Priester und die Gelehrten, deren Gottesbild ein geistiges war.

Der Patriarch Jakob sah im Traum die Himmelsleiter und erkannte daraufhin den Stein, den er als Kopfpolster verwendet hatte, als Haus Gottes und Pforte des Himmels. Der Altar war aus Stein gebildet, ursprünglich aus unbehauenem, später wurde er geglättet. Heute noch gilt in der katholischen Kirche der Altarstein, weil gesalbt und geweiht, als heilig und als Realsymbol für Christus selber. Am Anfang der Messe steigt der Priester zum Altar hinauf und küßt den Stein. Er deutet damit die Verehrung des geopferten Heilandes an.

Jesus sagte zu Petrus: »Du sollst nun nicht mehr Simon, Sohn des Jonas heißen, sondern Petrus, das ist Fels. Und auf diesem Felsen will ich meine Kirche bauen.« Ob er damit das Papsttum in seiner historischen Form einsetzen wollte, mag dahingestellt bleiben. Petrus ist das lateinische Wort für Fels. Im griechischen Evangelium heißt es kephas, das ist wieder der Stein oder der Fels. Damit war Beständigkeit, aber auch Leben gemeint. Im besonderen aber der Glaube, und ich möchte hinzufügen, weil Petrus selber schwach wurde, seine Liebe zu Jesus. Dass das ein altes und weit verbreitetes positives Symbol ist, sieht man an den sogenannten Herzsteinen, die als Amulette oder Schmuck getragen werden oder groß in der Megalithkultur gebildet wurden. Beispiele sind der Herzstein in St. Oswald im Yspertal und der berühmte ungarische Herzstein beim Plattensee. Glaube und Liebe hängen zusammen, gemeinsam ist beiden die Hingabe. Glaube ist der Beginn der Hingabe, Liebe die Vollendung. Wir haben das Symbolverständnis verloren, wir sind Materialisten und Rationalisten. Damit verlassen wir die uralte Tradition und müssen mühsam versuchen, zwischen beiden unseren Platz zu finden.

Der Stier ist ein wichtiges Opfertier. Er galt als Symbol für die kosmische und irdische Fruchtbarkeit. Die Gattin des Stiers war die Große Kuh. In Ägypten wurde die Himmelsgöttin Hattor als Kuh dargestellt und verehrt, dem Himmel wie der Unterwelt zugewandt, war sie damit Hoffnung auf Wiedergeburt. Im ganzen Mittelmeerraum wurden Tempel und Altäre mit Schädeln von Rindern und Hörnern geschmückt. Letztere sollten das Böse abhalten.

Bezirk Amstetten

Kanning bei Ernsthofen besitzt einen alten Wolfgangbrunnen mit einem Wolfgangstöckl. Hier soll einmal der heilige Wolfgang gerastet haben.

Türkenbründl am Sonntagsberg

Die jetzige Pfarrkirche Maria Himmelfahrt in Neuhofen bei Ybbs wurde gebaut nach einer Legende. Auf dem sogenannten Kornberg arbeiteten Holzknechte und wollten, wo heute auf der Wiese das Marterl steht, eine Kapelle bauen. Da sie das Geld nicht zusammenbrachten, half ihnen ein Gutsherr, der auf einer Jagd einen Vierzehnender bis zum Marterl in der Wiese verfolgte. Er sah eine weiße Frau dort stehen, die mit dem Arm auf das Marterl zeigte und verschwand. Nun begann man mit dem Bau der Kirche. Als sie einstürzte, versuchte man, sie wieder aufzustellen, aber der begonnene Bau verschwand immer wieder. Eines Tages fand man die Trümmer am Fuß des Kornberges. Nun stellten sie die jetzige Pfarrkirche an diesem Platze auf, der sich zu einer Wallfahrtsstätte entwickelte.

Der Ägidibrunnen am Walcherberg im Ybbstal bei St. Ägyd stand ursprünglich bei einer Linde, dessen Wasser zu Heilzwecken verwendet wurde und das man auch nach Hause mitnahm. Nach der Überlieferung sind viele Wunder geschehen.

In Mauer an der Url bei Amstetten wurde im Jahre 1937 das Inventar eines Dolichenusheiligtums gefunden. Mit seinen Gegenständen aus Silber, Bronze und Eisen gehört es zu den wichtigsten Fundstätten aus der Römerzeit. Jupiter Dolichenus ist eine Verschmelzung des syrischen Sonnengottes Baal von Doliche mit dem römischen Göttervater Jupiter. Dargestellt wurde er meist auf einem Stier stehend, seine weibliche Gefährtin war Juno Regina auf einer Hirschkuh stehend. Dolichenus wurde von den römischen Legionären verehrt, die auch in Mauer stationiert waren. Die Originale sind im Kunsthistorischen Museum in Wien, Kopien im Museum in Amstetten. Dazu eine Figur der Siegergöttin und Votivstandarten mit dem Götterpaar, Glöckchen, Geschirr, Geräte zum Opferdienst und zum Mahl, Bratroste, Spieße, Schüsseln u.a. Das Heiligtum selbst hat man noch nicht gefunden.

vorige Seite: Hinterglasmalerei, Stift Ardagger

Magie

Magie heißt Zauber, dies bedeutet Wandlung der Situation, Wandlung eines Gegenstandes oder eines Menschen durch außergewöhnliche Kräfte. Wenn eine Zeremonie durchgeführt wird, in welchem Namen immer, ist es Magie oder Zauber? Wenn der Priester segnet, dann ist dies eine sakramentale Handlung, eine heilige Sache. Über die Verwandtschaft unserer Liturgie und unseres Kultes mit den entsprechenden außerkirchlichen oder außerchristlichen Formen müsste man sich detailliert auseinandersetzen.

Wenn sich ein Mensch einen Stein um den Hals hängt, ist das Aberglaube? Wenn er ihn vorher weihen lässt, was ist es dann? Wenn ein Gläubiger seinen Rosenkranz nicht von einem Priester weihen lässt, sondern dies selber durchführt, über ihm betet und das Kreuz macht, geschieht da nichts? Dass Ordnung und gesetzliche Vorschriften Sinn haben, wird nicht in Frage gestellt.

Die Grenzen zwischen Glaube und Aberglaube sind fließend, wir können sie nicht fixieren. Wenn man den Leuten sagt, wenn sie so und so oft zur Kommunion gehen, werden sie in den Himmel kommen, ist das Glaube oder Aberglaube? Wenn ein Religionslehrer oder Priester den Kindern sagt, sie dürfen die Hostie nicht beißen, weil sie dem lieben Jesus weh tun, ist das Glaube oder Aberglaube?

Ist die apostolische Sukzession (Nachfolge) in der Priesterweihe unbedingt notwendig zum Sakrament? Wurde und wird es tatsächlich immer und überall gehalten? Dass sie pietätvoll und schön ist, das wollen wir nicht leugnen. Dass vorchristliche, ja magische Elemente in der Jungfräulichkeit und im Zölibat enthalten sind, lässt sich ebenfalls nicht leugnen. Durch Enthaltsamkeit wird die magische Macht des Geweihten gestärkt. Den Zölibat haben nicht die Christen erfunden, die kultische Enthaltsamkeit hat es lange vorher gegeben. Wenn

Drewermann sagt, der Priester müsste Dichter, Heiler und Schamane sein, so ist zweifellos etwas dran.

Jesus hat die Jünger ausgeschickt, nicht nur um das Reich Gottes zu verkünden, sondern auch, um die Menschen zu heilen, und zwar buchstäblich von Krankheiten. Dieser Auftrag wurde nicht ernst genommen. Schamanen können sich in eine andere Bewusstseinsdimension versetzen, sie können in Ekstase geraten, sie können über Zeit und Raum hinweggehen. Haben das nicht Heilige auch gekonnt und ausgeübt? Vieles, was übernatürlich ist, ist natürlich und umgekehrt.

Volksreligion

Volksreligion hat viel zu tun mit Brauchtum und ist weitgehend Sache von Laien. Besonders gut sieht man es bei Wallfahrten, ein wichtiges Kultelement aller Religionen. Die Priester gehen in der Regel nicht mit und wenn sie mitgehen, spielen sie nicht die Hauptrolle. Sie verabschieden die Pilger, sie empfangen sie und feiern mit ihnen die Messe. Auf den alten Wallfahrten, die zu Fuß geschahen, war das Volk allein mit ihrem Vorbeter, der die Rolle des Anführers und Zeremonienmeisters innehatte und für Disziplin sorgte. Sie taten es mit Würde, Ernst und Entschlossenheit. Ich habe selbst solche Wallfahrten mitgemacht und bin sehr glücklich darüber. Sie sind weitaus schöner, inniger und vor allem volkstümlicher, als die Wallfahrten, die von Priestern geführt und dominiert werden.

Die Pilgerwege sind meist Altwege. Sie sind geomantisch bestimmt, wie man überzeugend auf den Pilgerwegen nach Santiago festgestellt hat. Der Weg nach Santiago ist terrestrisch, also vom Boden her durch magnetische Strahlung beeinflusst, aber auch planetarisch, denn er geht der Milchstraße entlang. Dies wirkt auf Menschen, auf Büßende umso stärker. Die Frage, ob sich solche alte Pilgerwege und Pilgerplätze im Lauf der Zeit ändern, Kraft verlieren oder neue Kraft gewinnen, muss ich offenlassen. Wenn neuerdings an verschiedenen Orten und Ländern der Erde sogenannte heilige Kriege ausbrechen, Kampf um Heiligtümer und für heilig gehaltene Plätze, so ist das nicht nur negativ, so bedauerlich eventuelle Opfer sind, es zeigt, dass uralte Kräfte noch im Menschen, im Boden und in der Atmosphäre wirksam sind.

Der Krieg in Serbien ist für die Serben ein heiliger Krieg, weil sie in der historischen Schlacht im Kosovo auf dem Amselfeld zwar damals von den Türken besiegt worden sind, aber doch im Glauben leben, dass das Blut, das dort vergossen wurde, dieses Blutopfer, nicht umsonst war. Sie glauben, sie haben durch die Niederlage das Abendland vor dem Ansturm der Türken gerettet. Es war für sie ein religiöser Krieg, der zwischen Orthodoxen und Moslems geführt wurde und wird. Der Zweite Weltkrieg hatte religiöse Elemente in sich. Die deutschen Soldaten wurden vereidigt und auf ihrer Koppel stand: »Mit Gott«. Der Nationalsozialismus war eine Ersatzreligion und der Bolschewismus mit seinem Traum von einem Sieg des Arbeiters über den Besitzer hatte religiöse Momente in sich. Dasselbe könnte man vom Kampf um die Befreiung in den von Kapitalisten und Militaristen geführten Ländern dieser Welt sagen. Deutlich ist das auch an den Kreuzzügen zu erkennen, die mehrfach gedeutet werden können. Sie sind ebenso Eroberungskriege mit allen Grausamkeiten eines solchen, als Verteidigung der freien Pilgerwege zu den heiligen Stätten. Sie können so verstanden werden und sind damals auch so verstanden worden.

Dabei kann man auch an die Kämpfe, die in Indien zwischen Moslems und Hindus um für beide heilige Plätze geführt werden, erinnern.

Bezirk Scheibbs

In St. Anton an der Jessnitz ist ein Augenbründl, früher war auch eine Einsiedelei dabei, ein ging vorbei und die die Augen zu wa- wichtiger Weg nach Mariazell Pilger pflegten sich hier schen.

Feichsen bei Scheibbs

Bezirk St. Pölten

Der Aichberg bei Neulengbach wurde auch »zu den drei Föhren« genannt, war aber schon früher, vor dem Bau der Kapelle, ein alter Kultplatz.

Die Burgkapelle der Araburg ist dem heiligen Georg geweiht und war lange Ziel von Pilgern. Einst wurde hier ein großes Volksfest am Tag des heiligen Georg gefeiert. Er ist Patron der Ritter; als Schlangen- und Drachenbesieger mit der Lanze in der Hand galt er als Kämpfer des Christentums gegen das Heidentum.

In Bärndorf steht die Niedernfellnerkapelle. Die Umgebung galt früher in der Nacht als unheimlich. Votivbilder und Krücken künden vom Kult.

Der heilige Berg von Walpersdorf-Hartmannberg ist der Festenberg, der sich in der Richtung zum Piestingtal erhebt. Er wurde schon in urgeschichtlicher Zeit besiedelt, wie Funde und Keramiken beweisen.

Ein Menhir auf der Kukubauerwiese.

Die Kukubauerwiese liegt zwischen dem Markt Michelbach und St. Veith a.d. Gölsen. Man fährt auf der Straße Richtung Kukubauerwiese und bleibt unterhalb des Schutzhauses beim Hof Kleinsattler stehen. Ein Stück entfernt am Waldrand nördlich des Bauern steht in der Nähe eines Marterls ein sehr schöner Menhir, der ganz nach der Art gestaltet ist, wie wir sie im Mühlviertel und seltener im Waldviertel finden. Er hat oben eine Durchbohrung und unten zwei. Es ist unwahrscheinlich, dass er zur Befestigung eines Gatters gedient hat. Weil solche Steine in dieser Gegend sehr selten sind und weil er sehr schön ist, ist er wichtig. Da ein markierter Weg vorbeiführt, ist er mit der roten Farbe als Wegmarkierung bezeichnet. Der Weg scheint aber überhaupt nicht begangen zu sein.

Steinplatten am Tor weisen auf einen alten Weg hin. Die stärkste Strahlung ist auch nicht auf dem Stein, sondern mitten auf dem Weg. Man muss nach der Marienkapelle mit der Aufschrift »Du bist ja die Mutter, dein Kind will ich sein«, fragen. Die Bauern kennen den Stein nicht. Von der Kapelle muss man nordwestlich über die Alm zum Waldrand gehen und dort das Tor suchen. Peter Reinberger hat den Stein gefunden.

Hausenbach Bründl

Glockentürme

In der Umgebung von St. Pölten, im Dunkelsteinerwald, im Tullnerfeld, in den Voralpen und im Waldviertel sind besonders viele Holztürme zu finden. Ich weise auf die schöne Arbeit über Glockentürme im Waldviertel von Dr. Felix Schneeweis hin. Bei Glockentürmen im Zentrum der Ortschaft oder der Häusergruppe begannen die Wallfahrten. Die Pilger versammelten sich beim Glockenturm, hier begann der Pilgerweg. Einen Hinweis auf die geomantische Bedeutung des Platzes bringt er nicht. Er hat die zahlreichen, beinahe hundert Glockentürme besucht und Erkundigungen über ihren Gebrauch gesammelt. Inzwischen sind die meisten elektrifiziert worden, der Ortsvorsteher oder ein dafür bestimmter Bauer muß die Arbeit des Läutens nicht mehr machen. Früher hat man oft die Kinder zum Läuten geschickt hat, die das gerne als Aufgabe übernahmen. Wichtig ist der Hinweis, dass das Läuten der Glocken nicht nur als Zeitzeichen nützlich war, weil der Besitz von Uhren nicht üblich war, sondern dass es auch eine Aufforderung zum Gebet war. Die mystische und emotionelle Bedeutung der Glocken fühlt jeder, wenn er die Abendglocke hört, die am meisten beachtet wird. Es ist schade, dass jetzt häufig das Mittagsläuten vom schrillen Klang der

linke Seite: Menhir auf der
Kukubauerwiese, Michelbach Markt
rechte Seite: Stift Melk

Sirenen übertönt wird. Dass Glocken mit ihrem Klang Gewitter vertreiben, hat eine mehrfache Bedeutung. Einerseits glaubt man wirklich, dass Gewitter abgelenkt werden können, andererseits, dass es verbunden mit Gebet wirksam sei.

Es hat wenig Sinn, die Glockentürme aufzuzählen, denn sie sind zu zahlreich. Es genügt, dass man sie in kleinen Dörfern bei der Durchfahrt beachtet. Wenn man beim Wandern dort stehen bleibt und sich ein wenig aufhält, wird man etwas vom genius loci spüren. Schneeweis vermerkt genau, wie die Glockentürme gebaut sind: die einen aus offenen Balken, wo die Glocke frei hängt, andere sind verschalt, manche sitzen auf einem Betonsockel und etliche sind gemauert. Ein einzelner Glockenturm muß etwa alle 20 Jahre renoviert oder erneuert werden. Es kommt kaum einmal vor, dass ein Glockenturm ersatzlos weggeräumt wird. Die Menschen haben einen persönlichen Bezug zu diesem Zentralpunkt. Soldatenheimkehrer des Zweiten Weltkrieges aus Rußland betonten immer wieder, es habe ihnen kaum etwas so gefehlt, wie das Läuten der Glocken.

Glockentürme findet man nicht an Hauptstraßen, sondern nur an Nebenstraßen, nicht in Städten, nur in kleinen Orten. Oft haben schon ein paar Häuser, im Gebirge einzelne Häuser, einen Glockenturm. In einem Dorf im Waldviertel fand ich auf dem Turm einer Kapelle eine eiserne Reserveglocke. »Wir haben schon zweimal im Krieg unsere Glocken abliefern müssen,« sagte der Ortsvorsteher nachdenklich, »hoffentlich nicht noch einmal.«

Die erste Kulturevolution

Die große Wandlung im Leben der Menschheit begann mit der Erfindung des Ackerbaues und der Sesshaftwerdung. Im Osten geschah es vor 10.000 Jahren in Jericho, der ältesten Stadt, wo Menschen sesshaft wurden, die früher Nomaden, Jäger und Sammler waren und zu Ackerbau und Viehzucht übergingen. Das war die erste Kulturrevolution, die zweite ist die naturwissenschaftlich- industrielle, in der wir leben. Ob und wie es weitergeht mit Menschheit und Erde, wird das 3. Jahrtausend zeigen, an dessen Schwelle wir stehen. Breitete sich damals die neue Kultur von Osten her, so geht sie jetzt von Westen aus. Damals dauerte es etwa 3000 Jahre, bis sie uns erreichte. Falkenstein, Brunn und Vösendorf geben Zeugnis davon. Beim Übergang kam es zum Kampf um die fruchtbaren Plätze und die Stärkeren bauten sich Wallanlagen, von wo sie Landsuchende beobachten und vertreiben konnten.

Das Leben der damaligen Menschen war stärker von Religion bestimmt als heute. Man tat im Kult und bei der Arbeit das, was alle taten und was alle glaubten. So können wir annehmen, dass es bei allen Siedlungen einen Platz zum Wohnen, einen Platz für die Beerdigung und einen Platz für den Kult gab. So wie heute jedes Dorf seine Kirche oder sein religiöses Zentrum hat, so war es damals wahrscheinlich ebenso. In der Geborgenheit und im Schutz des Kultplatzes fühlte man sich sicher.

Marienverehrung

Die Marienverehrung ist Gläubigen wie Ungläubigen irrational. Sie ist im Evangelium nicht begründet. Maria Verkündigung ist spätere Ausschmückung und die Erzählungen von der wunderbaren Geburt Jesu sind keine historischen Berichte. Auch das Marienlob, das im Magnifikat enthalten ist, ist späteren Ursprungs.

Maria von Roggendorf bei Hollabrunn

Von der historischen Maria wird in den Berichten gesagt, dass sie am Anfang das Wirken Jesu nicht verstand und ihn mit seinen Geschwistern heimholen wollte, weil die Familie sein Verhalten als unrichtig empfand. Das Wort Jesu in Kanaa bei der Hochzeit ist eher anstößig. Er weist sie zurück, er sagt: »Weib, was habe ich mit dir zu schaffen,« tut aber dann doch, was sie will. Auch diese Geschichte ist legendär.

Das Bild von der Kreuzabnahme, das Bild von der Pietá ist späteren Ursprungs. Es gibt vorchristliche Abbildungen, die, wenn man sie zum ersten Mal sieht, als Pietá, als Schmerzensmutter, gedeutet werden müssen. Man sagt, die Mutter habe auf ihrem Schoß die Leiche ihres Sohnes liegen, der als Krieger gefallen ist. Wohl aber wird im Evangelium erwähnt, dass Maria ins Zentrum der ersten Gemeinde trat und beim Pfingstereignis dabei war. Über ihr späteres Leben und ihren Tod sind die Berichte legendär. Es gibt ein Mariengrab in Jerusalem und eines in Ephesus. Ob die Worte Jesu am Kreuze, »Frau sieh deinen Sohn« und »Sohn sieh deine Mutter«, autenthisch sind, können wir nicht sagen. In der Apostelgeschichte wird sie weiter nicht erwähnt, von einer Marienverehrung kann nicht die Rede sein.

Im vierten Jahrhundert brach die Marienverehrung stark durch und konzentriert sich vor allem auf Ephesus, die große uralte Stätte der Verehrung der Erd- und Himmelsmutter, die viele alte Religionen haben und die einem tiefen Bedürfnis des menschlichen Herzens entspricht, zumal Gott als Mann, Vater, Patriarch, Herrscher und Herr starke männliche Züge trägt.

Dass Maria auch dogmatisch als Gottesgebärerin erklärt und gefeiert wird, hängt mit der Erhöhung ihres Sohnes als zweiter Person Gottes und Mensch zusammen, und dass Maria die Menschwerdung Gottes ermöglicht hat. So hat sie teilgenommen am Erlösungswerk.

linke Seite: Heilquelle bei Kaumberg,
Triesting, Bezirk Lilienfeld

Sagen aus dem Waldviertel

Als drei Bauern von Jagenbach nach Schweiggers gingen, kamen ihnen mitten im Wald drei rote Ziegenböcke entgegen und versperrten den Weg. Einer der Männer warf den Rosenkranz nach ihnen, da sprangen sie davon. Heute erinnert ein Heiligenbild daran.

Als in Hirschenhof eine Seuche Mensch und Tier erfasste, versprach ein Bauer ein Marterl zu bauen, wenn sie von diesem Übel erlöst würden. Es steht heute noch an der Straße, die durch Hirschenhof führt.

Die Sage von einer unsichtbaren Mauer, die Wanderer vom Weitergehen abhält, findet sich mehrmals, so auch bei Schweiggers, wo ein Mann von Meinhartschlag nach Hause ging. Er stand wie vor einer Mauer, die er nicht überwinden konnte. Er mußte umkehren, um auf einem anderen Weg nach Schweiggers zu kommen.

Von einem Schalenstein in der Nähe von Streitbach geht die Sage, daß Maria mit dem Jesuskind hier vorbeikam, sich auf den Stein setzte und das Kind in der Schale badete. Das klare Wasser steht selbst bei großer Dürre das ganze Jahr in der Schale und man verwendet es zur Heilung von Augenkrankheiten.

An einem dunklen Abend ging ein Mann auf einem Steig bei Schweiggers nach Hause. Er nahm eine Abkürzung und sah ein Lichtlein. Er glaubte, er sei nicht alleine und sagte: »Komm herüber und wir gehen zusammen.« Da kam das Licht, sie gingen zusammen, aber er erkannte, dass das Licht nicht getragen wurde, sondern in der Luft schwebte. Als sie bei einem Kreuz ankamen,

Feenhaube,
Grafenberg-Stoitzendorf

sagte er: »Ich danke dir, dass du mir auf dem Weg geleuchtet hast.«
Da sagte eine Stimme: »Ich danke dir, dass du mich erlöst hast.« Danach erlosch das Licht.

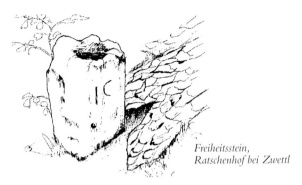

Freiheitsstein,
Ratschenhof bei Zwettl

Der Breitenbach kommt aus dem Weinsbergforst und stürzt dann
durch das sogenannte Hölltal zur Donau hinunter. Man kann heute
noch die Teufelskanzel oder Teufelsmauer mit einem steilen spitzen
Stein, der hoch über dem Wasser emporragt, sehen. Die Sage erzählt,
dass der Ritter von Pöggstall mit dem Ritter aus dem Yspertal ver-
feindet war und dieser sich mit dem Teufel verband, um Wasser im
Hölltal aufstauen zu lassen. Dann sollte der ganze Stausee abgelassen
werden und so ganz Pöggstall ersaufen. Das Werk war fast vollendet,
da krähte im Morgengrauen der Hahn dreimal. Da er nicht rechtzei-
tig fertig geworden war, musste der Teufel mit seinem Gefolge in die
Hölle zurück. Die Teufelsmauer ist stehengeblieben. Oberhalb des
Felsens sieht man am jenseitigen Ufer von der Straße aus die Wanne,
in der der Teufel gebadet haben soll.

Auf der Straße von Pöggstall nach Kirchschlag kommt man beim
Aschelberger Forsthaus vorbei. Dort ist der Hohe Stein und die Rote
Locka und ein Kreuz erinnert daran, dass hier einmal plündernde
Franzosen von den Bauern erschlagen worden sind.

Auf der alten Straße von Martinsberg nach Pöggstall, die nicht durch das Hölltal führt, kommt man zu einer steinernen Brücke, wo oftmals ein schwarzer Hund den Weg versperrte. Erst als die Bauern ein Kreuzstöckl errichteten, kam er nicht mehr.

Traunstein liegt nördlich von Martinsberg. Die Kirche steht auf dem Wachtstein. Darüber gibt es viele Sagen. Die Kirche sollte früher woanders gebaut werden, aber immer wieder kehrte das Baumaterial an seinen Platz zurück, wo man sie dann auch tatsächlich hinbaute.

Der Berg hinter der Kirche heißt Wachtstein und ist fast 1000 Meter hoch mit einem schönen Ausblick bis zum Schneeberg. Ein unterirdischer Gang soll von hier zur Burg Arbesbach geführt haben. Von langen unterirdischen Gängen, die Burgen und Orte verbanden, ist in Sagen oft die Rede.

Am Wachtstein soll ein goldener Schatz verborgen sein. Es heißt, dass der Stein sich langsam zur Seite neige.

Am Fuß des Schulberges von Traunstein im Kirchenwald liegt ein Opferstein mit einer großen Wanne und einem Ablauf. Die Leute sagen, es sei eine Blutschüssel und hier haben die Heiden ihren Göttern geopfert.

Skorpionstein bei Kautzen

In Traunstein findet man drei Wackelsteine. Der eine steht auf der sogenannten Ganslalm beim Wachtstein, der zweite auf dem Kühhalt unterhalb der Straße nach Schönbach, der dritte und schönste ist der Wiegenstein im Wald, wohin ein markierter Weg führt. Nach der Sage hat Maria hier gerastet und das Jesuskind auf einen Polster auf den Stein gelegt. Als sie einschlief, kamen Engel vom Himmel und wiegten den Stein mit dem Jesuskind. Als Maria erwachte, zog sie mit dem Kind gestärkt weiter.

Von der Annakirche außerhalb von Pöggstall gibt es verschiedene Sagen. Eine lautet, daß ein Protestant an der Quelle, die in St. Anna entsprang, sein blindes Pferd trinken ließ, worauf sie versiegte.

An der alten Poststraße von Pöggstall steht das sogenannte Bettelweihkreuz. Eine alte Frau, eine Bettlerin, bat eines Tages einen Bauern um ein Nachtquartier, das er ihr verweigerte. Sie ging weiter, setzte sich auf dem Weg nieder und erfror. Zur Sühne ließ der Bauer an dieser Stelle das Kreuz errichten.

Auf dem Weg von Krems nach Rapottenstein kommt man durch den sogenannten Hungerturm. Dort soll ein Hund erschienen sein, der Fuhrleute schreckte.

Von einem Verwalter des Schlosses Rapottenstein namens Dungl wird heute noch berichtet, dass er die Leute grausam quälte und nach seinem Tode als Gespenst umging und bei einer Brücke Menschen erschreckte. Man bat einen Priester vom Kloster Zwettl um Hilfe, aber das Gespenst ließ sich nicht vertreiben. Der Geist sagte zum Pfarrer: »Du hast als Bub zwei Eier gestohlen und es nicht wieder gutgemacht.« Erst ein junger, neugeweihter Priester war erfolgreich. Als der Geist kam, begann er mit dem Beschwörungsgebet und besprengte die Brücke mit Weihwasser. Als er das dreimal gemacht hatte, gab es einen furchtbaren Krach, dann war es ruhig. Von da an erschien der Geist nicht mehr.

Ein Fuchtelmann ist ein Gespenst, das eine Fuchtel, das heißt ein Licht, trägt. So einen gab es in der Gegend von Stein. Er erschien den Bauern in der Nacht, wenn sie auf der Höhe von Buchegg mit dem Schlitten vorbeikamen. Wenn sie den Wald verließen, verschwand er. Einmal rief ihm ein Bauer nach: »Danke dir Gott, dass du mir geleuchtet hast.« Darauf kam die Antwort: »Danke dir Gott, dass du mich erlöst hast.« Von da an erschien er nicht mehr.

Ein Mann aus Traunstein führte Schindeln nach Weitenegg und auf dem Heimweg Waren für den Kaufmann. Der Weg durch die Höll war damals unausgebaut und steil. Die müden Pferde schafften es nicht mehr und blieben beim Teufelsstein stehen. Da rief der Fuhrmann: »Wenn es einen Teufel gibt, dann soll er mir jetzt helfen.« Plötzlich stand ein großer Mann mit zwei Rappen da, spannte sie vor das Fuhrwerk und trieb sie an. Da erkannte der Fuhrmann, worauf er sich eingelassen hatte und in seiner Angst betete er zu Gott. Der Teufel trieb die Pferde daraufhin noch mehr an. Erst als der Fuhrmann die Gottesmutter anrief, stieß der Teufel einen Fluch aus und verschwand mitsamt seinem Gespann.

Als Kultstätte besonderer Art kann man das Dorf Walters mit seiner angrenzenden Flur »die Vogelwayd«, wie es in den alten Grundbüchern heißt, bezeichnen. Die Wissenschaft weiß nicht, woher Walter von der Vogelweide wirklich stammt, aber neuerdings ist dieses Dorf im Waldviertel, in der Nähe von Zwettl, genannt worden. Es liegt zwischen Zwettl und Allentsteig, genau zwischen den Orten Hörmanns und Bernschlag. Der Weg dahin ist bezeichnet. Das Dorf ist abgekommen, das heißt, es existiert nicht mehr. Aber in den Katasterblättern des Stiftes Zwettl findet es sich. Heute steht kein Haus dort, sondern es ist eine Wiesenfläche in einer schönen Waldlandschaft. Man hat nach den alten Plänen einen der beiden Dorfbrunnen ausgegraben und einen Gedenkstein aufgestellt. Vogelwaide heißt so viel wie Flur und es gibt zahlreiche in unserem Lande, aber da Walters der Dorfname war und der große Dichter sich Walter von der Vogelweide nannte, wäre das ein beachtenswerter Hinweis. Allerdings, allgemeine Anerkennung findet diese Feststellung von der Heimat des großen Dichters nicht. Er sagt wohl von sich, daß er in Österreich singen und sagen gelernt hat, aber er ist weit herumgekommen. Eine eindeutige Feststellung seiner Heimat ist nicht möglich.

Am Fuß des Göttweiger Berges liegt auf der Westseite das sogenannte Altmannibründl. Hier sollen einmal drei Theologen zusammengekommen sein und beschlossen haben, dass jeder von ihnen, wenn er ein Bischof werden sollte, ein Kloster bauen würde. Tatsächlich wurden alle drei Bischöfe. Gebhard von Salzburg stiftete das Kloster Admont, Adalbert von Würzburg gründete Lambach und Altmann von Passau Göttweig. So erfüllte sich das Vorhaben der drei bedeutenden Männer.

In Drosendorf auf der Julienshöhe mit dem Hausberg ist der Gassnergraben mit dem Königsbründl, wo die Königin von Mähren, die ihren Mann auf einem Kriegszug begleitet hatte, ihr Kind geboren und gewaschen hat.

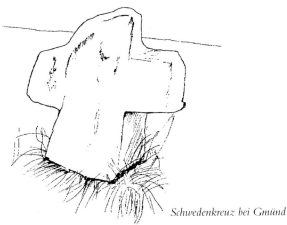

Schwedenkreuz bei Gmünd

Das sogenannte Bründlräumen bestand bis vor kurzer Zeit noch an vielen Orten, z.B. in Japonds, Eibenstein, Weikertschlag, Raabs, Drosendorf und vielen anderen. Wenn Trockenheit herrschte, ging man mit Schaufel, Besen und Schöpfgerät zur Quelle. Man befreite die Stelle von Geröll und Schlamm und säuberte sie mit dem Besen. Letzteres durfte nur von Jungfrauen vollführt werden und war eine religiöse, wahrscheinlich schon vorchristliche Zeremonie. Die Mädchen beteten und sangen entsprechende Lieder. An manchen Orten war lange Zeit die kultische Nacktheit üblich, wodurch die Zeremonie eine stärkere Kraft bekam. So wurden auch manche Schalensteine zu Zeiten der Trockenheit entleert, gereinigt und eine Frau hat mir erzählt, dass jedes Mal danach starker Regen einsetzte. Die Mädchen kamen am folgenden Sonntag durch Schmuck besonders gekennzeichnet in die Kirche und wurden vom Volk geehrt.

Unter dem Altar der Kirche in Speisendorf ist eine Höhlung mit einer Schale und einem Bründl, das dem heiligen Nikolaus geweiht ist. Nikolaus ist neben Ulrich auch ein Brunnenheiliger.

In Hauarbruck, Bezirk Krems, erschien einem Bauern beim Pflügen immer ein Erdmanderl, das jede Furche segnete, die der Bauer pflügte und die dann reiche Frucht brachte.

Der Name Hauarbruck ist verräterisch, er weist auf ein altdeutsches Wort hin, das so viel wie Heiligtum bedeutet. Es ist auch im Namen Hausruck enthalten.

In Gelsenberg bei Zuggers befindet sich am Abhang der Bründlstein, der auch Jungfrau- oder Marienstein genannt wird. Dort sind zwei Felsblöcke, die wie Sitze ausschauen, auf denen einmal Wächter die Grenze gegen Böhmen geschützt haben sollen.

In Spitz an der Donau ist eine Quelle mit einem Marterl und mit einem Bild der heiligen Ottilie. Sie wird immer mit einem Teller, auf dem zwei Augen liegen oder mit einem Buch mit zwei Augen dargestellt. Bereits vor vielen Jahrhunderten kam man von weit her, um Wasser für kranke Augen zu holen und damit die Augen zu heilen.

Wir wollen hier die Beispiele von Sagen und Legenden, von heimlichen und unheimlichen Plätzen beenden, man könnte eine Bibliothek damit füllen.

Was haben uns Sagen zu sagen?

Sind Sagen frei erfundene Geschichten oder steckt ein historischer Kern darin?

Irgend etwas steckt immer dahinter. Sei es eine ferne Erinnerung an etwas Bedeutsames, Außerordentliches oder etwas Schreckliches wie ein Unfall oder Mord. Manchmal regt ein Platz durch sein Aussehen und seine Ausstrahlung die Fantasie der Menschen an. Sie machen sich Gedanken, warum dieser Platz, dieser Stein, diese Quelle, diese Kirche hier ist und nicht an einem anderen Ort.

Wenn von einem Drachen erzählt wird, der sich von Forchtenstein zum Neusiedlersee geschleppt hat, kann man eine Erinnerung an die Riesentiere der Vorzeit annehmen. Wenn man einen merkwürdig geformten Berg sah, der entweder anziehend oder bedrohlich erschien, dann begann die Fantasie des Volkes zu arbeiten und es entstanden entsprechende Sagen. Wenn an einem Platz wie beim Wetterkreuz in St. Georgen immer wieder der Blitz einschlug und Gewitter tobten, so suchte man dafür einen Grund. Es gab Plätze, die mehr anzogen und solche, die unheimlich waren und die man mied.

Wenn ein Teufelsberg oder Teufelsstein für die Menschen der Vorzeit ein heiliger Platz war und die Christen ihn, um die Leute abzuschrecken, dämonisiert haben, so kann es ein Platz sein, der den Menschen immer schon unheimlich war und dem man einen bösen Namen gab, um andere darauf aufmerksam zu machen.

Für uns kommt es nicht darauf an, festzustellen, ob es ein positiver oder negativer Platz ist. Wir suchen den numinosen, geheimnisvollen Platz mit starker Strahlung.

Kelten und Römer

keltisches Band

Die Kelten traten im 5. Jahrhundert v. Chr. auf und verbreiteten sich rasch über Teile Europas. Sie kamen als Galater bis nach Kleinasien und nach Galizien in Spanien. Über Frankreich und England, besonders aber Irland, erstreckte sich der Bogen bis Deutschland und Österreich. Wir haben schriftliche Nachrichten über sie von lateinischen und griechischen Historikern. Von den Römern wurden sie Gallier genannt und der römische Kaiser Cäsar bekämpfte sie und berichtete etliches von ihrem religiösen Brauchtum in Frankreich. Sie selber hatten eine Schrift, aber es war ihnen verboten, ihre Tradition, ihre Götter- und Heroengeschichten aufzuschreiben.

Viel vom keltischen Glauben und Brauchtum ist auf die Germanen übergegangen, mit denen sie als Indogermanen verwandt waren. Gegenstand ihres Glaubens waren heilige Bäume, Quellen, Teiche und Tiere, mit denen sie sich verwandt fühlten. Sie dürften zuerst der mutterrechtlichen Kultur angehört haben und besaßen mehrere weibliche Götter, die sie Mütter nannten. Manche waren, besonders die Hauptgöttinnen, Dreieinigkeitsgötter. Die Kelten waren ein kriegerisches Volk und hatten als Kriegsgötter Esus und Deutates. Für die Kultur hatten sie eigene Götter, ebenso für Rhetorik und Dichtkunst. Die Handwerker und der Verkehr hatten ebenfalls eigene Schutzpatrone.

Cäsar schreibt über diese Götterwelt: »Unter den Göttern verehren sie am meisten den Merkur, den sie für den Erfinder aller Künste, für den Führer auf Wegen und Kriegszügen halten. Sie glauben, dass er beim Gelderwerben und beim Handel helfen kann.«

Für manche Götter wählte Cäsarer wegen gewisser Ähnlichkeiten die römischen Namen. Der keltische Himmelsgott Danaros hieß bei den Römern Jupiter. In der Regel übernahmen die Römer auch Götter von Völkern, die sie erobert hatten. Die Kelten hielten ihre religiösen Feiern im Freien, in Hainen, an Gewässern, auf Bergen und Felsen ab. Erst in der Spätzeit erbauten sie sogenannte Umgangstempel, die quadratische Form hatten. In Oberösterreich ist in Kirchberg so ein Bauwerk erhalten. Es steht auf einem Hügel, der sich in einem Tal erhebt. Es gab bei den Kelten Menschenopfer und sie galten als Kopfjäger. Sie trennten ihren Feinden den Kopf ab und hängten ihn an ihren Gürtel. Der vornehmste und wichtigste Stamm war der der Druiden. Druiden waren Priester, aber auch Seher, die im Vogelflug und bei der Betrachtung ihrer getöteten Opfer wahrsagten. Sie glaubten an Seelenwanderung, an ein Totenreich und eine Insel der Seligen, die sie in Avalon lokalisierten.

Von der germanischen Religion wissen wir aus dem Buch des Römers Tacitus, der das Land und seine Sitten beschrieb. Er benannte die Götter mit lateinischen Namen, die obersten waren für ihn Merkur, Herkules und Mars, Wodin (Wodan), Thier und Thor. Als weibliche Gottheiten nannte er Freia, Isis, auch Sonne und Mond waren Götter. Aus den christlichen Schriften wissen wir, dass sich die Verehrung von Sonne und Mond als göttliche Gestalten noch weit ins Christentum erhalten hat, als Balder, Freier, Nerthus und andere. Die Götter waren sehr menschlich dargestellt. Kult und Kultfeiern hielten die Germanen schon in eigenen Räumen, etwa im Hause selbst, in Festsälen und Tempeln und besonders zu den Jahreswenden ab. Dabei wurde gegessen und getrunken. Als Opferfleisch bevorzugte man Ochsen und Pferde. Mit dem Blut wurden die Opferstätte, aber auch die Teilnehmer besprengt. Es gab verschiedene Menschenopfer, wie etwa das Sohnesopfer oder das Opfer von Sklaven und Kindern. Da Kult ausgeübte Religion ist, müssen wir zuerst fragen, was Religion in diesem Zusammenhang bedeutet.

Religion ist die Verbindung mit Gott, der Gottesglaube, wobei die Vorstellung von Gott sehr verschieden sein kann. Gott kann als ein Numen, als eine höhere, jenseitige, überirdische Macht, aber auch als persönliches Wesen erkannt und erlebt werden.

Religion ist ein Überbegriff, unter den sich vieles stellen läßt. Religion betrifft den Kopf und das Herz, also den Geist, den Verstand und das Gefühl. Man kann nicht sagen, welches das stärkere Motiv ist, das den Menschen zum Gottesglauben, also zur Religion hinführt. Man kann auch von einer Religion ohne Gott sprechen, wenn wir zum Beispiel an die Magie denken.

Die psychischen Voraussetzungen und Komponenten der Religion sind Angst und Hoffnung. Angst vor Unglück, Not und Tod und Hoffnung auf Leben, gelungenes Leben hier und ein Leben bei Gott nach dem Tode.

Der Mensch der Vorzeit hatte ein schweres Leben. Er erfuhr die Macht der Natur stärker als wir. Blitze und Donner erlebte er als ein furchtbares Geschehen. Gottheiten sind größer und stärker als die Menschen, daher lag es nahe, sich ihre Huld und ihren Schutzes zu sichern. Die ältesten Formen dafür sind Gebet und Opfer.

Man kann sagen, dass der Mensch von Natur aus religiös ist. Sein Verstand fragt nach Ursache und Ziel, nach Sinn. Sein Gefühl verlangt Geborgenheit und Ruhe. Beides gab den Menschen wohl schon sehr bald das Bedürfnis nach Religion und religiöser Betätigung.

Die erste Stufe der Entwicklung war, dass der Menschenaffe, also die Übergangsform vom Tier zum Mensch, den Wald verließ und in die Steppe hinausschritt. Er begann sich aufzurichten, die Beine brauchte er nun nicht mehr zum Klettern sondern zum Gehen und die Hände zum Anfassen.

Die Wissenschaft nimmt an, dass bereits der aufrechtgehende Mensch eine Form der Bestattung besaß, die auf einen Glauben an ein Jenseits hinweist. Bereits in der mittleren Altsteinzeit haben die Neandertaler die Toten auf der Seite liegend mit angezogenen Knien beigesetzt und die Leichen mit Steinen oder Knochen geschützt. Manchmal gab man ihnen Werkzeuge oder Waffen mit.

Man kann das als Furcht vor einer Wiederkehr der Toten, aber auch als Ausdruck des Glaubens an ein Weiterleben nach dem Tode deuten. Für diese Zeit haben wir aber sonst keine Hinweise auf religiöse Vorstellungen.

Den sogenannten Bärenkult, den Kannibalismus, Kopfjagd oder Schädelkult kann man nicht recht als Religion bezeichnen. Die ältesten Funde des Homo sapiens, also des Menschen, wie er heute noch ist, fanden sich in der Gudenushöhle im Kremstal und in der Teufelslucke bei Roggendorf im Weinviertel. Das Alter der Funde wird mit 50.000 Jahre angenommen. Man fand dort schon fortschrittliche Werkzeuge, Faustkeile, Schaber, Bohrer und ähnliches.

Der homo sapiens dürfte nicht vom Neandertaler abstammen, sondern von einem Verwandten.

*Verziertes keltisches Bronzeprunkteil
aus einem Männergrab, Traisental*

Böhmen und Mähren

Austerlitz ist für uns Österreicher in schmerzlicher Erinnerung, weil hier im Jahre 1866 das kaiserliche Heer von den Preußen geschlagen wurde. Auf der höchsten Erhebung über dem Kampfplatz steht eine Kapelle, die man Friedenskapelle nennt. Auf dem Hügel Santon steht die Frauenkapelle mit einer französischen Kanone. Ein beeindrukkender Platz wegen seiner Vergangenheit, aber auch wegen seiner Gestaltung.

Die Kirche St. Thomas steht unterhalb der Ruine von Wittinghausen (Vitkuv Kamen) und war bis 1786 eine Wallfahrtskirche, wurde dann aber entweiht und als Schafstall benützt.

Maria Gojau ist einer der wichtigsten Wallfahrtsorte Südböhmens. Der älteste Teil dürfte die sogenannte Entschlafungskapelle sein, die den Tod Mariens darstellt. Die Gnadenkirche hat einen großen Raum mit dem Bild der Schutzmantelmadonna.

In Höritz - Goldenkron, es liegt zwischen Krumau und Budweis, befindet sich eine gotische Klosterkirche, eine der schönsten und wichtigsten Wallfahrtsstätten. Sie ist 70 Meter lang und damit eine der größten Kirchen von Böhmen, eine Arbeit von Michael Pacher. Hier ist die eigentliche Heimat der berühmten Krumauer Madonna, die jetzt im Kunsthistorischen Museum in Wien steht.

In Maidstein, das ist Mädchenstein, nördlich von Krumau, hat man Funde aus der Bronzezeit gemacht. Die Sage erzählt, dass im Keller ein Schatz liegt, der von einem Zwerg behütet wird. Wenn die Maiblumen blühen, sitzt der Zwerg am Rand und niest von Zeit zu Zeit, man soll dies weitum hört. Wer die Sage nicht kennt und fünfmal Helfgott ruft, kann den Schatz heben.

Hohenfurt und der Wallfahrtsort Maria Schnee sind wichtige Plätze die man aufsuchen sollte, es sind immer viele Pilger dort. Die

Maria Schnee

Kirche, nach dem Krieg verwüstet, ist wieder aufgebaut, und der Stein wird vom Volk gerne besucht.

Libin liegt südlich von Pradowitz auf einem Ausläufer des Böhmerwaldes. Auf einem Hang steht die Gnadenkapelle des heiligen Phillip Neri. Man nennt es das Patriarchenkirchlein. Dort hat man einen wunderbaren Blick über die Umgebung, es ist ein guter Platz.

Der Wallfahrtsort Lomec (Lometz) war früher von Eremiten betreut. Die Kirche besitzt ein Relief vom heiligen Ivan, dem Patron der Einsiedler.

Kultplätze von Pfarrer Gerhard Anderle

In Würflach findet man die Johannesbachklamm. Gleich außerhalb des Ortes, auf dem Weg zur Klamm, erkennt man in einer vom Geröll ausgewaschenen und geglätteten Felsnische waagrecht einen Fußabdruck, den die Tafel, die darüberhängt, als Marientritt bezeichnet. Bei normalem Wasserstand des Johannesbaches kann man zu Fuß durch die Klamm nach Westen gehen.

Der Johannesbach entspringt unterhalb des Kogelbauerfelsen in Grünbach und war früher von sechs Schwarzföhren umgeben. Die Quelle ist gefasst, durch den Hausbau ist das Erdreich verschoben. Es wäre möglich, dass hier einst die Römerstraße von Winzendorf über Willendorf nach Puchberg geführt hat. Heute steht bei der Quelle eine Kapelle.

In St. Georgen am Reith ist die Jörglquelle. Sie liegt fast 900 m hoch auf einem alten Saumpfad, dem späteren Kirchen- und Totenweg der Pfarrkirche St. Georgen. Diese Quelle wird heute noch von Betern aufgesucht und ist ein sehr schöner Platz.

Zwischen Kogelbach und St. Georgen am Reith liegt die Bromau. Man kann bis zum Pfenningtor fahren und dann auf der neuen Forststraße zu Fuß weiter bis zum alten Weg gehen. Man beachte die Steinblöcke am Wegrand.

In Brettl ist in 850 m Höhe die Kapleralmkapelle. Wenn man von Kienberg nach Gresten fährt, muss man beim Haus Reiterlehen abbiegen und kommt über Kornberg zum Kappenberg, dann muss man zu Fuß weitergehen. Die Kapelle ist beeindruckend, aber vernachlässigt. Oberhalb der Kapelle ist ein Grenzhaag mit riesigen Bäumen.

Eine weitere schöne heilige Quelle ist in Ried am Riederberg bei der Klosterruine. Hier wurde 1456 ein Franziskanerkloster gegründet. Am Kloster vorbei führt eine alte Nordsüdverbindung durch den Wienerwald. In Ried ist ein Weißes Kreuz und eine Wallanlage, auch Funde wurden gemacht. Das Riedanleiten erinnert an diesen Weg.

Auf der Flur namens Paradies hinter dem Kloster ist die Quelle. Hier scheint der Kultplatz gewesen zu sein. In Trockenzeiten gingen die Leute hin, um für Regen zu beten. Sie nannten es »um das Wasser zu rühren«.

Ein Hängender Stein ist auf dem alten Römerweg auf dem Weg von Wien nach Scheiblingstein.

Königsstetten kann man, seit die Bäume entfernt sind, vom Tullnerfeld aus sehen. Links vom großen Stein ist eine kleine Anhöhe mit weiteres beeindruckenden Steinen.

Der Vier-Brüderbaum steht in Vöstendorf-Pottschach (Neunkirchen). Der riesige Baum hat vier große Äste, die selber so stark wie ein Baum sind. Sie wurden teilweise durch Blitzschlag zerstört und abgeschnitten. Die den Baum betreffende Sage ist auf einer Tafel zu lesen.

In Grünbach am Gländ hat man eine bronzezeitliche Siedlung entdeckt, dort ist auch die Bärenhöhle, die kaum zum Wohnen geeignet war, weil das Wasser von oben herabtröpfelt. Es könnte sich

um eine Kulthöhle handeln. Man fand Reste von bronzezeitlicher Keramik aber auch Reste aus der Urnenfelder- und Hallstattzeit.

In der Burgruine Schrattenstein fanden sich spätneolithische Relikte. Im Bereich der Burg ist eine Höhle, die später als Keller oder Gefängnis gedient haben mag.

Am Fuß des Burgfelsens der Burgruine in Frohnberg fand man Tonscherben aus der Bronzezeit. Im Nordosten des Burgfelsens, unterhalb der Ruine befindet sich eine längliche Höhle, die anscheinend nach oben hin eine Verbindung hatte. Sie wird in einer Urkunde des Stiftes Heiligenkreuz im Jahre 1197 erwähnt.

Ein uralter Weg geht beim Blättertal vorbei. Blättertal heißt auch das nahe Bauernhaus. Es besteht ein Zusammenhang mit der alten Römerstraße von Neunkirchen, die man Blätterstraße benannt hat.

In Maiersdorf, am Fuß der Hohen Wand, kennt man die Schwarzgrabenhöhle mit einem Brandloch. Hier entdeckten Forscher Reste aus der Stein-, Bronze- und Römerzeit. Der kultische Charakter ist nicht sicher. Dasselbe gilt von der Flatzer-Tropfsteinhöhle.

Der Hollenstein bei Witzelsberg liegt nahe der Straße, die von Hafning nach Witzelsberg führt. Der Hollenstein liegt bei Rehgärtlkreuz in der Waldschlucht, abseits der Straße, auf einer altarstufenartigen Erhöhung. Er ist einen Meter hoch und besitzt zwei große Schalen. Christus soll hier gerastet und seinen Kopf oder seinen Leib in den Stein eingedrückt haben. Eine andere Sage berichtet, dass Maria in den Steinwald bei Hafning geflüchtet sei und sich beim Hollenstein versteckt habe, in dieser Geschichte stammen die Schalen vom Jesuskind.

Anderle beschäftigt sich mit den Ortungen, mit den großen Zusammenhängen zwischen den verschiedenen geomantischen Plätzen.

So stellt er folgendes fest: Ausgehend vom Kogelstein in Grafenberg gibt es nach seinen Berechnungen ein bestimmtes System in der Anordnung von Kultplätzen. Pfarrer Anderle hat bei sieben Kultstätten gleiche Entfernungen zum Kogelstein gemessen.

Erstens: Das Bäckerkreuz nördlich von Zogelsdorf mit zwei Georgsdarstellungen und zwei brezelartigen Zeichen. Bäcker könnte mit der Silbe »bakk« zu tun haben, was soviel wie nackt, kahl, nackter Stein bedeutet.

Zweitens: Die Pfarrkirche zum heiligen Stephan in Eggenburg, die auch zu den Kirchen Maigen und Dreieichen eine Vermessung hat, außerdem bildet sich eine Raute nach der Kirche Kattau, bzw. Kapelle in Engelsdorf zum Roten Kreuz. Kirche Eggenburg, Bäckerkreuz und das Rote Kreuz südöstlich von Burgschleinitz liegen auf einer Linie.

Drittens: Eine Dreifaltigkeitssäule im Ort Gauderndorf. Diese Säule wurde versetzt, der starke Platz ist der alte Standort.

Viertens: Das Rote Kreuz, heute beim Umspannwerk der NEWAG neu errichtet, hat mit dem Rood Maß zu tun, nichts mit der Farbe. Ich nehme an, dass Rote Kreuze einst Tore zu den in den Ortungen gelegenen Kultstätten gewesen sind. Da das Blut ein besonderes Element der Frau ist, könnten die Kreuze ein Hinweis auf den Erdglauben sein. Eine der Erdmütter, die Ainbeth, symbolisiert das Tor des Lebens. Auch die Israeliten strichen Blut in die Türstöcke und zogen dann durch das Rote Meer, das wie eine Gasse stand und zum Tor der Befreiung wurde.

Fünftens: Das Baderkreuz südwestlich von Roggendorf.

Sechstens: Das Hahnkreuz auf der Straße von Röschitz nach Klein Reinprechtsdorf. Ein Gockel hütete den Hag.

Siebtens: Der Sauberg westlich von Straning. Die vielen Bezeichnungen mit Tiernamen in dieser Gegend sind entstanden, als man die Urworte nicht mehr richtig verstand. Sau könnte von der Wurzel su kommen, gebären.

Nun kommen drei gleiche Entfernungen vom Kogelstein:

Erstens: Die Schiache Marter, eine Marienstatue aus dem Jahre 1788, bei der es auffällt, dass Maria die Hände vor die Brüste hält, als wolle sie mit ihren gespreizten Fingern das Kleid öffnen. Schiach ist eine Verwendung des Ausdruckes »Schieren« und dieser wieder ist eine Bezeichnung für die drei Erdmuttergottheiten, für die Beth-Frauen, Ainbeth, Worbeth und Wilbeth. Der Flurname, wo die Statue steht, ist im Hagen und der Hag ist der Sitz der Hexe, einst die Priesterin der Frauenkulte, im Mittelalter die Hüterin der alten Kulte, die als böse Hexe verfolgt wurde. Der Standort ist zwischen Röschitz und Stoitzendorf.

Zweitens: Eine Dreifaltigkeitssäule, Weißes Kreuz genannt, hier könnte eine Verbindung mit der Worbeth bestehen, die als die Lichte, auf der Erde Wirkende gedacht wird. Sie steht nördlich von Klein Reinprechtsdorf.

Drittens: Die Kirche Wartberg, freistehend über 500 Meter vom Dorf entfernt, auf einer Höhe weithin sichtbar, hat einen eigenartigen Stein an der Südwand. Die Entfernung zum Kogelstein passt auch von der Kirche Wartberg zur Kirche Grafenberg.

Weiters sind zwei verschieden lange Maße zu finden:

Vom Kogelstein zur Kirche Roggendorf und dem Galgenberg, sowie vom Kogelstein zum Marterl des »Anghängten Herrgotts« im Krottenberg und dem Grenzmarterl mit der Dreifaltigkeitsdarstellung zwischen Straning und Etzmannsdorf. Der Bildstock steht in der Flur Geißberg. Geißberge sind vielfach Tabuberge, heilige Berge. Es findet sich im Wort Geburt und gebären. Soweit Anderle.

Christian Steingruber, ein Kultplatzforscher aus Oberösterreich, schreibt: Im Zwettelbachtal im Waldviertel führt ein schöner Weg vom Pankrazihäusl, einer ehemaligen Kirche bei Wurmbrands nach Jagenbach und weiter nach Zwettl. Etwa 1 km hinter der Klingelmühle ist bei einer Wegteilung ein schöner Schalenstein zu sehen. Am Tage des Fundes hatte das Wasser eine wunderschöne Grünfärbung.

Im Kamptal zwischen Roithen und Zwettl sind mehrere Schalensteine zu finden.

Bei der Utissenbachmühle ist ein schöner Schalenstein, Steine befinden sich auch nördlich zwischen Stein- und Gschwendtmühle. Da sie im Flussbett liegen, ist eine Auswaschung anzunehmen, aber auch solche Steine hat man verehrt.

Kurz vor Zwettl kann man eine Bründlkirche besuchen. Gleich oberhalb befindet sich die romanische Probsteikirche mit Karner, am stärksten aber strahlt es in der kleinen Michaelskirche, einer frühgotischen Grabkapelle. Der Weg von der Bründlkirche zur Probstei durchstößt einen Erdwall, der noch aus älterer Zeit stammen dürfte.

Der schönste Schalenstein im Kamptal ist der sogenannte Marienstein bei Rapottenstein, gleich unterhalb der Burg. Der Stein ist ein Teil des »Kleinen Schütt«, wo der Kamp fast vollständig unter dem Felsen verschwindet. Das Wasser in diesem Schalenstein verschwindet auch bei größter Trockenheit nicht, so ähnlich wie bei der Schale vom Eibenstein oder beim Bründlstein in Kühberg, Lohn usw. Marienstein heißt er deshalb, weil man den Schalenstein auf die Heilige Familie bezieht, die hier gerastet haben soll. Der Marienstein ist bei den Leuten der Umgebung in Vergessenheit geraten.

Und weiter schreibt er: »Im Mühlviertel habe ich am Oberneukirchner Berg bei Waxenberg einen geheimnisvollen Turm entdeckt.

Auf den Berg bin ich durch eine Sage gekommen, die mein Nachbar Ernst Fitz aufgezeichnet hat. Ein hier geplanter Kirchenbau sei durch Vögel oder durch Engel verhindert worden und die Kirche ist dann im jetzigen Ort Oberneukirchen gebaut worden. Dieses Motiv kommt häufig vor. Fitz hat auch eine Teufelskirche auf dem Oberneukirchnerberg erwähnt, die der letzte Rest der verhinderten Kirche sein soll. Am Nordhang des Berges stieß ich auf eine Felsengruppe, von der ich glaubte, dass es sich um die Teufelskirche handelt. Dann stieg ich auf den flachen Gipfel hinauf und fand dort merkwürdige Fundamente eines vier mal vier Meter großen Turmes. Wegen der Fernsicht zu den benachbarten Burgen Waxenberg, St. Veit, Rothenfels und Lobenstein könnte es sich um einen Signalturm handeln. Der Name Teufelskirche dürfte eine kultische Bedeutung haben. Fitz war einer der Ersten nach Plesser, der sich um die Schalensteine kümmerte und ihre kultische Bedeutung erkannte. Er meinte, dass der sogenannte Kaltenberg im Yspertal eine Totenstätte der Germanen war. Sie zogen den Freitod dem Strohtod vor. Er stellte sich vor, die Alten seien mit dem Pferd auf den Kaltenberg geritten und dort den Felsen hinabgestürzt, um nach Walhalla zu kommen.«

Christian stieg auf den Kaltenberg und fand eine Markierung, die vom Ödteich nach rechts abzweigt. Mit einem schönen Blick ins Tal geht man weiter und plötzlich taucht zur linken Hand der erste Gipfel des Kaltenberges auf. Weitergehend kommt man auf den zweiten Gipfel. Zuvor sieht man eine stehende Schale von riesigem Umfang auf einem offensichtlich umgekippten Granitfelsen und gelangt dann zu einem Steinkreis mit dem Altarstein in der Mitte. Überall sind Ameisenhaufen zu finden, was auf eine starke Strahlung hinweist. Auf der Höhe des Kaltenberges findet man eine Menge anderer Schalen und Schälchen, darunter riesige, mit Wasser gefüllt, auf dem Weg zum nächsten Gipfel. Beim Abstieg vom zweiten Gipfel findet man weitere Schälchen und eine Durchschlupfstelle, die an den Blasenstein von St. Thomas (OÖ) erinnert. Jetzt kommt man in das eigentliche Reich der Toten. In der Tat ist die Mulde zwischen den beiden letzten Gipfeln unheimlich.

Am dritten Gipfel sind wieder einige Schalen, darunter ein niedriger Felsen mit zwei schönen Schälchen. Den eigentlichen Gipfel kann man nicht besteigen, weil er dicht von Brombeerhecken bedeckt ist. Eine Abzweigung führt zum tiefer gelegenen Gipfelkreuz, wo ein merkwürdiges Steintor in Richtung Ybbs und Altenmarkt weist. Es könnte den Kultbezirk abgrenzen. Bei Pisching erreicht man die Straße.

Das Pankrazihäusl im romantischen Zwettltal bei Wurmbrand ist eine ehemalige Kirche, die kaum aufgesucht wird.

Der Berg hieß früher Zwettlberg, die Burg dürfte ähnlich geheißen haben. Neben der Kirche ist ein gefasster Brunnen, früher wahrscheinlich ein Heilbrunnen. Die Pankrazikirche wurde unter Kaiser Joseph II. säkularisiert und verfiel. Später wurde daraus ein Wohnhaus.

Klosterkugeln in Säusenstein an der Donau

nächste Seite: Marientritt, Johannesklamm, Würflach

Einwände gegen Wallfahrtsformen

Der Betrieb bei Wallfahrtskirchen ist nicht immer anziehend für alle. Der Pilger empfindet es anders, weil er offen für die Kraft der Gnadenstätte, des heiligen Platzes und des Kultbildes ist.

Unverständnis findet auch die häufigste Gebetsform, die die Pilger verwenden, der Rosenkranz. Der Rosenkranz, die Gebetsschnur mit den Perlen, ist nicht katholischen oder christlichen Ursprungs, er kommt aus dem Orient. Er soll dem Beter oder Meditierenden wie eine Schnur sein, an der er sich anhält. Die ständige Wiederholung lenkt den Betenden von anderen Gedanken ab, er kommt in einen meditativen Zustand, der positiv zu bewerten ist.

Die orthodoxen Christen haben dafür das sogenannte Jesusgebet mit einer ständigen Wiederholung des Rufes: »Herr erbarme dich meiner«, oder »Herr erbarme dich unser«, dem Kyrie der Messe.

Die Buddhisten haben das »om mani padme hum«, was nichts anderes bedeutet als: »Groß ist das Geheimnis in der Lotusblüte.« Ein mystischer Spruch, bei dem man sich etwas denken kann, aber nicht muss, der sehr bildhaft ist und das Geheimnis des Daseins und das Geheimnis der Welt und Gottes zugleich ausdrückt. Wer in einer kritischen Haltung oder gar mit Überheblichkeit an Wallfahrtsorte kommt, der ist fehl am Platz.

Die größte Sünde des modernen Menschen ist seine Überheblichkeit, oder, um es moderner auszudrücken, sein devotionsfeindlicher Wirklichkeitsbegriff. Die Welt ist nicht flach wie ein Stück Papier, sie ist tief und abgründig wie das Wellental. Das große Wellental, das bis ans Ende der Sternenwelt reicht und in die Tiefen des Atoms hinein, und das uns die Wunder und die Vielschichtigkeit unseres Daseins und der Welt überhaupt, darlegt.

Mein besonderes Anliegen ist es, auf die zahlreichen kleinen, starken und heiligen Plätze hinzuweisen. Sie liegen oft in großer Einsamkeit, manche Steine und Quellen werden überhaupt nicht besucht, Bildbäume werden kaum beachtet. Dort flüchte hin an guten und an schlechten Tagen. Dort wirst du Heil, Heilung für Leib und Seele, Ruhe und Frieden, dich selber, vielleicht auch Gott finden. Wenn die Strahlung des Platzes nicht stark ist, kannst du lange verweilen.

In einem alten Lied der Mariazellpilger heißt es: »Gnadenquelle, sei gegrüßt, Quelle, die beständig fließt.« Im Volksglauben werden Kultplätze, zumal Wallfahrtskirchen, als Gnadenstätten bezeichnet. Volkskundler übernahmen den Ausdruck. Gnade ist Hilfe, und die sucht man beharrlich, wenn man in Not ist.

Viele Klagen, Bitten, Versprechen und Tränen haben die Gnadenstatuen in den Jahrhunderten von Millionen Menschen bekommen. Viele Menschen kamen zurück, um zu danken. »Maria hat geholfen!« schreit es von den Wänden der Kirche! Und das sollte alles Einbildung sein? »Dass Maria eine Bitte nicht erhört, ist unerhört«, singen enthusiastisch die Pilger. Maria ist auch die große Trösterin. Wunder geschehen nicht jeden Tag, Wunder der Tröstung immer.

Ich sah einmal einen großen starken Mann in Mariazell weinen wie ein Kind, ich kannte ihn gut, jedem im Land wäre er ein Begriff, wenn ich ihn aussprüche. Orte der Kraft braucht jeder einmal. Gut, wenn du einen bereit hast, für alle Fälle.

Ich habe am Anfang des Buches erzählt, wie ein junger Mann zu mir kam, der für ein halbes Jahr in die Einsamkeit gehen wollte. Lange Zeit ließ er nichts von sich hören. Eben rief er an, er will wieder kommen. »Hast du es ausgehalten?«, fragte ich ihn. »Ja.« »Eigentlich habe ich es dir nicht zugetraut. Hast du den Bären gesehen?« »Nein, dafür etwas anderes. Wann kann ich zu dir kommen?«

Was wird er bringen? Ist er ein neuer Mensch geworden?

Möge sein Weg weiterhin gesegnet sein.

CIP-Aufnahme der Deutschen Bibliothek
Jantsch, Franz:
Kultplätze im Land um Wien Band II/Franz Jantsch.-
Unterweitersdorf: Freya 2000.-
ISBN 3-901279-86-5

2000 verlag freya, A-4210 Unterweitersdorf
http://www.freya.at